# Tus facetas

*Tus facetas* |
*una exploración de los centros de inteligencia*
*y nuestros impulsos instintivos*

Original title: *Aspects of you — an exploration of the*
*centres of intelligence and our instinctual drives*

© 2021 Cicci Lyckow Bäckman | **lyckowbackman.se**
Exploring the Enneagram, Stockholm, Sweden
ISBN: 978-91-527-2250-3
Cover design: Cicci Lyckow Bäckman
Translation: Adriana García Ancira
Eds: Adriana Fieldman and Gonzalo Moran

# Tus facetas

*— una exploración de*
*los centros de inteligencia*
*y nuestros impulsos instintivos*

**Cicci Lyckow Bäckman**

# Lo que dicen ...

*Cicci Lyckow Bäckman ha sido una estudiante dedicada del Eneagrama durante muchos años, pero en este libro hermoso y accesible, da un paso adelante para enseñar el verdadero corazón y el alma del trabajo del Eneagrama. Hoy en día podemos leer descripciones de los nueve tipos en varios lugares, pero Cicci va más allá de esto al invitarnos a las enseñanzas centrales para desarrollarnos a través de nuestro tipo de Eneagrama.*

*Las acertadamente llamadas Facetas del título nos revelan los impulsos internos y la mecánica detrás de cada uno de los nueve tipos a través de una exploración de los Centros de Inteligencia. Describe el sentido y la función de los Centros, pero también ofrece consejos sobre cómo expresarlos mejor y equilibrar nuestras vidas a través de ellos.*

*Se puede decir por su orientación amistosa y constante que Cicci realmente ha vivido estas enseñanzas, por lo que las transmite con una frescura e intimidad poco común en los escritos sobre este tema. Estoy realmente agradecido de verla trayendo este maravilloso libro a los círculos del Eneagrama, y lo recomiendo encarecidamente a cualquiera que busque involucrarse en un trabajo interior real.*

**Russ Hudson,** autor de *The Enneagram:*
*Nine Gateways to presence* y co-autor de
*La Sabiduría del Eneagrama*

*Tus facetas* es el trabajo más completo que he leído hasta la fecha sobre los centros y los instintos. Cicci explora los temas con una gran inteligencia, claridad y de una manera que resulta tanto conocida como innovadora.

*Además de la teoría, ofrece ejercicios vivenciales para ayudar a las personas a ponerse en contacto con sus propios procesos y asimilar la teoría a la práctica. El test que ofrece al final del libro es más completo que la mayoría de los tests de instintos y ofrece una forma profunda y completa de comenzar a determinar cuál puede ser tu instinto dominante y cuál puede ser tu punto ciego. Recomendaría este libro tanto a los estudiantes principiantes como avanzados del Eneagrama, así como a los profesores y formadores.*

**Leighagh Darcy**, psicoterapeuta y
maestra en Eneagrama

En **Tus facetas**, Cicci Lyckow Bäckman echa una nueva luz sobre los instintos, ampliando y refinando la información que hay sobre los mismos. Siendo los instintos y los subtipos del Eneagrama mi campo de investigación, suelo ser bastante exigente con la literatura que leo sobre este tema; pero el libro de Cicci no solo me ha fascinado, sino que me ha sumado muchísimo en el tema, en especial su enfoque sobre las "zonas" de cada instinto, lo que me ha parecido brillante y de una gran utilidad a la hora de encontrar nuestro instinto dominante.

De una manera clara y gráfica, pero no por eso menos profunda, Cicci nos hace un recorrido no solo por los tres instintos, sino también por los Centros de Inteligencia, diferenciando qué es del centro, qué es del instinto y qué es del tipo, algo a lo que adhiero. También se ocupa del "instinto ciego", un tema al que pareciera no dársele mucha importancia cuando se habla de los instintos, y que, sin embargo, es de gran jerarquía a la hora del trabajo personal.

Como broche de oro, cada capítulo viene con ejercicios guiados para reflexionar sobre el tema tratado en el mismo. En resumen, Cicci nos enseña sobre la importancia de entender y alinear no solo los tres centros, sino los tres instintos, para el buen camino de transformación. Definitivamente, un libro sobre instintos y centros que ocupará un lugar importante en mi biblioteca de libros de Eneagrama.

**Gonzalo Moran**, autor del libro *Bajas Pasiones:*
*los 27 Subtipos del Eneagrama a través de la Cultura Pop*
y del blog de Eneagrama "Pobre Niño Pijo"

*Para Russ, gracias por
hacer lo que haces.*

*Y, supongo que, sobre todo,
por no haber sido un
músico famoso, a quien
el mundo pudiera robar tus
contribuciones en este campo.*

*Son valiosas.*

# Índice

# Unas palabras antes de comenzar

Como mis lectores suecos sabrán, bien por haber leído mis libros publicados anteriormente, por haber participado en alguno de mis cursos vivenciales o por algún otro tipo de contacto conmigo, siempre he estado interesada en el crecimiento personal de una forma u otra. Hace poco más de 20 años, ese interés se aceleró a alta velocidad, y desde entonces he llevado a cabo aventuras de exploración en profundidad en los mundos del crecimiento personal experiencial, así como facilitando cursos ayudando a otros a hacer lo mismo.

Un aspecto consistente y cada vez más claro de este viaje —aunque inicialmente no pude discernirlo o identificarlo del todo— era el tema de nuestros diferentes centros de inteligencia, o "cerebros". Que existen, sobre todo, como funciones biológicas y psicológicas dentro de nosotros. Que son mucho más que nuestros pensamientos acerca de ellos. Y no menos importante, cuánta ayuda, conocimiento y libertad ofrecen una vez que entendemos cómo funcionan (y quizás lo más importante: ¡como *no* funcionan!).

Este libro comienza con la presentación de tres piezas de un rompecabezas a los que les llamamos cuerpo, corazón y cabeza. Descubrirás qué hace cada uno, como se relacionan entre ellos y cómo las cosas se pueden liar cuando los confundimos (o a veces, cuando dejamos que la cabeza lleve la batuta). En la segunda parte del libro, nos centraremos más en los tres impulsos biológicos del centro instintivo o "visceral" — instintos que dominan muchos de nuestros comportamientos y experiencias detrás de escena, donde no somos muy conscientes de ellos ni nos permiten decidir al respecto. Existen muchos aspectos de nuestro ser, nuestro "si mismo" o nuestra personalidad que nosotros (léase nuestras mentes y pensamientos) no podemos controlar o afectar en nuestra atención de cada día. Al darnos cuenta de esto, podríamos sentirnos resignados y pensar: "Entonces, si yo no puedo cambiarlo, ¿qué caso tiene entonces tratar de darse uno cuenta de esto?". Sin embargo, el "yo" que no puede cambiar es solamente una parte limitada de nosotros: un aspecto de muchos. Éste "yo" cree que es el responsable de todo el cuerpo y las decisiones — pero, como descubriremos, esto no es el caso. Para nada.

---

## Creciendo en cooperación con, no en oposición a

Imagina estar en una casa en la que hace mucho calor (si el sol está muy fuerte) o mucho frío (si está soplando un viento fuerte del norte). Este "yo "piensa que la única manera de cambiar la situación es hacer que el sol se ponga y el viento sea más cálido. Pero no podemos hacer nada para cambiar al clima, y nuestro "yo" se frustra o se resigna a lo obvio, su falta de control. Pero cambiar el sol o el viento no solo son maneras de cambiar nuestra experiencia. En lugar de esto, podemos cambiar el trabajo *con* las fuerzas de la naturaleza y usar la energía del clima que no queremos para crear lo que queremos. Un panel solar puede hacer funcionar un ventilador para refrescarnos (o quizá, para usar un sistema de aire acondicionado, si así lo deseáramos). De igual manera, un molino de viento puede generar energía, la cual podemos convertir en calor. Una vez que vemos la energía de la naturaleza por lo que es y comenzamos a adaptarnos a nuestras circunstancias, de repente podemos tener más libertad para elegir.

Un poco así es cómo funcionan en nosotros los centros de inteligencia y los impulsos instintivos. Con este libro pretendo hacer dos cosas: explicar cómo funciona el clima y ofrecer "paneles solares y molinos de viento", en

15

forma de ejercicios prácticos que te ayudarán a encontrar una mayor libertad en tu propia vida.

## Conocimiento valioso pero olvidado

Es una pena que gran parte del desarrollo personal se realice exclusivamente en o con uno de los centros (a menudo — entendible — sin que la persona que hace este trabajo se dé cuenta de ello). Para mí los centros y nuestro conocimiento sobre ellos es importante y liberador, ya que explican mucho acerca de cómo funcionamos como seres humanos. A lo largo de los años, he asimilado la visión de varios profesores sobre los centros y sus formas de trabajar con ellos, y mis propias percepciones se han integrado y acomodado dentro de mí. En este libro, comparto este conocimiento integrativo, lo que me ha enseñado acerca de los centros y qué propiedades y malentendidos comunes pienso que son particularmente interesantes. Dado que mucho de esto, si no todo, me ha llegado en forma experiencial, básicamente no hay citas de fuentes en este libro.

## Unas palabras sobre el Eneagrama y su relación con este libro

El tema de los tres centros de inteligencia, así como los impulsos instintivos del primer centro (que, en sí mismos, constituyen tres centros), me llamó la atención debido a mi interés en el Eneagrama de la personalidad: un modelo que describe nueve energías, arquetipos o tipos de personalidad trazados en el símbolo geométrico que es el Eneagrama: un círculo que contiene un triángulo unilateral y un hexágono.

Cada uno de los nueve tipos tiene su "base de operaciones" en uno de los centros, lo que da lugar a problemas y puntos de enfoque particulares. Nuestros impulsos biológicos, no son una parte integral del modelo de Eneagrama, como los centros, pero con frecuencia se abordan y señalan como igualmente importantes en nuestra comprensión.

Este libro trata sobre los tres centros, y en particular sobre los impulsos instintivos, ya que no forman parte del Eneagrama de la personalidad. Aunque, esto de ninguna manera niega su posición dentro de este modelo, más bien, arroja luz adicional sobre él, y con la comprensión de los diferentes centros e instintos de nuestro tipo de personalidad, es posible aclarar una serie de mal-entendidos e interrogantes sobre el tema de los tipos de personalidad. Además, explica más a fondo cómo funcionamos como individuos y cómo podemos trabajar productivamente en nosotros mismos.

De esta manera, ya sea que conozcas o no el Eneagrama, y en caso de conocerlo, independientemente de las enseñanzas sobre los centros e instintos con los que has estado en contacto hasta ahora, este libro te podrá aclarar y explicar y posteriormente podrás profundizar aún más tus percepciones existentes.

Como supongo que la mayoría de ustedes ha oído hablar del Eneagrama, hay algunas breves referencias sobre él. Si no estás interesado en este modelo, simple-mente puedes ignorar esto; de cualquier manera, te beneficiará enormemente aprender sobre los centros y los instintos: qué son, qué hacen (y qué no hacen), cómo están conectados y cuál es la mejor manera de permitirles a cada uno de ellos hacer su trabajo.

Si no has oído sobre el Eneagrama anteriormente, pero ahora sientes curiosidad y quieres saber más, te recomiendo que visites The Enneagram Institute online (enneagraminstitute.com) y/o libros principalmente de Don Riso y Russ Hudson.

# PARTE I |
# SER COMPLETO:

## *Los tres centros de inteligencia*

**En esta parte, aprenderás sobre:**

- ❖ la evolución y biología de los centros (muy brevemente)

- ❖ la "consciencia" de cada centro

- ❖ las expresiones equilibradas y desequilibradas de cada centro

- ❖ lo que significa que un centro esté subdesarrollado

- ❖ cómo las confusiones y conceptos erróneos comunes sobre los centros crean malentendidos y callejones sin salida terapéuticos, y cómo abordar esto.

*Tus facetas* ~
Cicci Lyckow Bäckman

# Bienvenidos — centrémonos

Los tres centros de inteligencia —la cabeza, el corazón y el cuerpo o las vísceras— aparecen en varios lugares a la hora de realizar el trabajo interno. Además, podemos observarlos en el lenguaje cotidiano, por ejemplo, al decir que "nuestra mente está ocupada con algo" (lo que significa que nos enfocamos en ello mentalmente), "nuestros corazones están siendo tocados / rotos" (lo que significa que sentimos algo profundamente) o que "tenemos un presentimiento" acerca de algo (lo que significa que tenemos una respuesta instintiva que no podemos explicar como un pensamiento o sentimiento, pero que, sin embargo, existe). Yo considero importantes a los centros de inteligencia y a nuestra experiencia y conocimiento sobre ellos al trabajar con el Eneagrama, así como para el trabajo interno en general, ya que arrojan mucha luz sobre cómo funcionamos como

23

humanos. He recolectado opiniones individuales de varios profesores y sus formas de trabajar con los centros, he realizado mi propio trabajo interno, he trabajado con grupos de crecimiento durante muchos años, y he integrado lo que ha tenido sentido para mí en mi comprensión general de ellos. Aquí compartiré este entendimiento, lo que me ha mostrado sobre los centros de inteligencia y qué características y confusiones comunes me parecen particularmente interesantes. Como la mayor parte de lo que sé sobre los centros, si no todo, ha sido comunicado verbalmente o descubierto de manera experiencial, no hay citas de fuentes.

## Un comentario sobre la palabra CENTROS

Me he dado cuenta de que, en el mundo del Eneagrama, la palabra CENTROS se encuentra un poco devaluada, tanto para transmitir el significado de los *centros de inteligencia* (las tres formas básicas de inteligencia humana; el tema de esta parte del libro) como de las *tríadas centrales* (los tres grupos de tipos del Eneagrama que comparten problemas y tendencias comunes que surgen de un determinado centro). Si bien este último se basa en el primero, no son lo mismo. Creo que el uso de la palabra centros, sin hacer esta distinción, a veces contribuye a una mala comprensión en el mundo del Eneagrama: que los tipos instintivos, es decir, el tipo de personalidad cuya base de operaciones se encuentra en el centro instintivo, tienen más inteligencia visceral que los demás, que los tipos de corazón sienten las cosas más profundamente, y así sucesivamente. A mi parecer, hacer la distinción entre los centros de inteligencia como tales y las tríadas centrales del Eneagrama podría ayudar a aclarar que este no es el caso. Por lo tanto, cuando uso la palabra centros en este contexto, me estoy refiriendo a los centros de inteligencia, o a nuestros tres "cerebros", no a las tríadas de centros del Eneagrama.

## ¿Qué son los centros de inteligencia?

Para mí, la naturaleza de los centros de inteligencia es tanto neurológica como energética, y el aspecto más discutido y relevante para el crecimiento personal es el energético. Cada centro se encarga de diferentes aspectos de nuestro sistema cuerpo-mente y cada uno representa un tipo de inteligencia específico sin lo cual nos costaría mucho trabajo funcionar como personas.

### Instintivo, emocional e intelectual

La forma de inteligencia más primitiva se ubica en el *centro instintivo,* y se puede encontrar al menos algún aspecto de esa inteligencia en toda forma de vida. En los animales, que cuentan con cerebro y sistema nervioso podemos encontrar la inteligencia en las vísceras. Sin importar lo evolucionado del animal (o ser humano), esta parte instintiva es todavía operacional y cuida las necesidades de supervivencia básicas. En el caso de los seres humanos, aunque tenemos necesidades más complejas, funciona de la misma manera, aunque muchas veces sin la influencia de los otros dos centros de los que estamos más conscientes. Al centro instintivo se le llama también el centro del cuerpo, el centro visceral, o el centro del movimiento.[1]

El *centro emocional* corresponde a la inteligencia que se encuentra en medio de tu pecho y se puede identificar como el centro emocional o de los sentimientos. Aquí encontramos aspectos que tienen que ver con el relacionarse, la autoimagen y la identidad. Y finalmente, el *centro mental* y su inteligencia cognitiva, que se encuentra en las especies más avanzadas. (incluyendo a los seres humanos) se localiza en la cabeza. Se le conoce también como centro intelectual o cognitivo.

Como lo mencioné anteriormente, en el contexto del Eneagrama a veces es fácil tener la impresión de que pertenecer a algún centro en particular en el círculo del

---

[1] El centro instintivo está en estómago o en las vísceras es también entendido como el centro del cuerpo. Aparte del centro (emocional) del corazón y el (cognitivo) de la cabeza. (*Nota de la traducción*)

mandala, significa que la persona tiene más de esta inteligencia que otras personas, cuyo centro base corresponde a un centro diferente. En mi comprensión y experiencia, este no es no es el caso, en absoluto.

*Todos poseemos y usamos todos los centros, independientemente del tipo de personalidad. Mientras más equilibrados seamos y nuestra madurez psicológica sea mayor, usaremos más los aspectos sanos de los tres centros.*

Más bien, la relevancia más significativa para el centro base en lo que respecta a los tipos de personalidad es que predice dónde se encontrarán sus mayores problemas psicológicos.

Dicho esto, el centro dominante todavía irradia una cualidad a la personalidad que no desaparece necesaria-

mente con el crecimiento psicológico. Alguien cuyo tipo
es visceral puede transmitir cierto peso, una sensación de
conexión a tierra que es más pronunciada que en la
persona promedio cuyo tipo tiene un centro básico
diferente. Alguien del tipo perteneciente al centro
emocional puede transmitir cierta calidez etc. Sin embargo, tenemos y utilizamos los tres centros, independientemente de nuestro tipo de personalidad. Necesitamos de los tres centros por igual en nuestra vida y al estar
equilibrados, se complementan uno a otro con sus áreas
de experiencia. De la misma manera, todos pueden estar
desequilibrados y tener expresiones malsanas.

Pero veamos de más cerca los centros instintivos,
emocional y cognitivo; explorando las áreas de la vida con
las que se relacionan.

# El centro instintivo

El centro instintivo representa la forma más primitiva de inteligencia y es aquí en donde residen nuestros impulsos biológicos programados e instintivos. Este centro nos muestra nuestra identidad fundamental: la del *ser*. No lo *que* somos o *cómo* somos (aspectos como la autoimagen y la autoestima surgen después) sino el hecho de *que* lo somos y que, en nuestra conciencia cotidiana, el *Yo* está separado del *tú*. Este *Yo* primitivo busca sobrevivir y asegurarse que lo hacemos representa una parte importante del centro instintivo.

El aspecto más básico de este centro es que contiene los impulsos innatos y biológicos que nos ayudan a sobrevivir. Son además inconscientes y autónomos y los compartimos (o al menos algunos de ellos) con otros animales. (Son obviamente, los impulsos instintivos, de los que hablaremos en la segunda parte de este libro, a partir de la página 101). Aparte del instinto, o quizá más bien como una extensión de este, hay muchas áreas de las que este centro es responsable. Le interesa "hacer base" — lo que significa un sentido de estabilidad física y el anclaje y el arraigo, las necesidades, el poder, los límites, el territorio, atracción/ repulsión, control, resistencia, presencia, asertividad, corazonadas, sensaciones primarias como miedo y enojo[2], y otras partes primitivas e instintivas. Casi de manera literal, la inteligencia instintiva nos *moviliza*, ya sea hacia o contra las cosas. En este sentido, se puede decir que esta inteligencia es básicamente blanco o negro: las cosas son de esta manera o de la otra, sí o no, encendido o apagado. Nuestro "sí" o "no" internos, por ejemplo, nos hace poner límites, luchar por una cierta cantidad de control y resistirnos a cosas que parece que no podemos controlar de ninguna otra manera.

Es interesante notar que nuestra inteligencia instintiva existe antes de, o está ubicada "más baja que" nuestras funciones cognitivas y lo que pensamos de las cosas, tanto en el aspecto evolutivo, como veremos más adelante, como neurológicamente. Esto explica la razón por la que no podemos convencernos de que nos guste o deseemos algo que en realidad no nos gusta o no

---

[2] Discutiremos esto más adelante, al hablar de los centros del corazón y de la cabeza.

queremos. Por supuesto, como también veremos más adelante, esto no quiere decir que no podemos *escoger* esas cosas o incluso cambiar nuestros sentimiento o actitudes hacia ellas, pero estos son procesos diferentes.

*Es centro instintivo nos muestra nuestra identidad fundamental: la del ser. No lo que somos o cómo somos sino el hecho de que somos y que en nuestra conciencia diaria, el Yo es algo separado del Tú.*

Un aspecto importante acerca del centro visceral y su inteligencia instintiva es que nos comunica lo que *queremos*. Sin embargo, es importante aclarar lo que "querer" significa en este contexto. Cuando queremos que las cosas sean de cierta manera o queremos cosas que no son accesibles en el momento presente, no me refiero a la forma puramente instintiva de querer algo. Más bien, es una expresión de deseos, sueños o planes — de todos los aspectos significativos de nuestra existencia, pero no de la inteligencia instintiva como tal. Los deseos, tal y como aparecen en las vísceras, se refieren a cosas que podemos hacer o tratamos de hacer, en un *ahora* relativo. "Quiero salir" — y salgo. "Quiero escribir" — y me siento a escribir en cuanto tenga la oportunidad. Es una atracción, un impulso interior, en "tirón" en una determinada dirección. Si digo que quiero salir, pero no consigo levantarme del sillón, a pesar de que realmente no haya nada que me detenga, entonces mi "querer" es quizás más una idea mental que una verdadera preferencia instintiva.

Una vez más, está claro que no hacemos algo sólo porque nos sentimos atraídos a hacerlo. Es posible que quiera tomar un helado o hacer algo arriesgado (vísceras), pero sé (cabeza) que me ocasionará dolor de estómago o que potencialmente me mataré o lesionaré, y por lo tanto, que puedo optar por no actuar en consecuencia. Pero la cuestión es que está ahí y el impulso en sí mismo está más allá del alcance de mi elección consciente.

## HAZ LA PRUEBA | RECONOCIENDO
## EL CENTRO INSTINTIVO

Siéntate en un lugar tranquilo donde no haya interrupciones. Ahora comienza a respirar profundamente unas cuantas veces. No necesitas exagerar, solo respira un poco más profundo de lo que lo haces normalmente y permite que el aire salga mientras te vas relajando. Tal vez quieras suspirar. Deja que el cuerpo continúe exhalando, relajándote, y vuelve a respirar normalmente. Siente como tus pies conectan con el suelo o tu espalda contra la superficie en la que estés sentado; es tu conexión con la tierra.

Ahora pon tu atención en tu cuerpo y sus sensaciones. Respira, percibiendo sonidos, olores y otras sensaciones en el ambiente y el cuerpo, date cuenta de si tu cuerpo responde a ellos o no. Quizá hay una sensación en alguna parte de tu estómago, o en el pecho o en alguna otra parte de tu cuerpo. Solo date cuenta y sé consciente de cuánto está haciendo el cuerpo continuamente: registrando, procesando y digiriendo, literal o figurativamente, y respondiendo. Todo esto sucede de manera automática, sin que tengas que elegir o interferir.

Este es el reino instintivo. Cuando te excitas, cuando tu interés despierta de una manera física, también se produce una respuesta instintiva — así como cuando algo dentro de ti responde a la gente a tu alrededor de diversas maneras, evaluando cómo se sienten, queriendo conectarse (o no) y actuando en consecuencia. Bienvenido al centro del movimiento, tu base instintiva.

Piensa en algún momento en el que haya estado activo en ti un impulso instintivo, cuando hayas querido algo, cuando haya habido un impulso moviéndose en cierta dirección. Al estar consciente de tales impulsos, es evidente que las opiniones e incluso los sentimientos no importan mucho. Los impulsos instintivos se informan a través de nuestras estructuras primarias más básicas y las funciones superiores realmente no juegan un papel importante en la ecuación.

Tal vez quieras tomar un momento para apreciar todo lo que este centro hace por ti. Tal vez un aspecto en particular se manifiesta en este momento o tal vez solo quieras quedarte en esta energía por un momento. Cuando estés listo para terminar esta exploración, toma dos respiraciones profundas, mueve tu cuerpo, estírate y abre los ojos.

El centro instintivo es el más básico, el que ha estado ahí por más tiempo y sospecho que es el único sin el cual es imposible sobrevivir físicamente en un cuerpo. El hecho de que haya existido por tanto tiempo y de que sea una parte importante de nuestro "yo animal" puede ser además la razón por la que nosotros somos, como sociedad, menos conscientes de este centro. Tendemos a considerarnos más allá de este nivel de funcionamiento, aunque esto no puede estar más alejado de la verdad. Esto da lugar a conceptos erróneos cotidianos como a callejones sin salida terapéuticos, a los que volveremos más adelante.

*Tus facetas* ~
Cicci Lyckow Bäckman

-----------------------------------------------------------------

# El centro emocional

En lo que a conciencia social respecta, en los últimos años el centro emocional ha estado en la mira de la sociedad mucho más que antes y, ciertamente, mucho más que el centro instintivo. A pesar del hecho de que lo que vemos como asuntos del corazón, es considerado comúnmente como un lujo hacia el que nos inclinamos una vez que hemos lidiado con asuntos importantes (que generalmente se traducen como "cognitivos"), nos estamos volviendo más conscientes del corazón, como una función separada de la mente. Sin embargo, esto es un arma de doble filo: por un lado, nos informa acerca del corazón. Por el otro, muchas suposiciones sobre él no son correctas o están totalmente equivocadas. El corazón es visto a menudo como el polo opuesto a la mente y como resultado, se llena de malentendidos. Uno de esos mal-entendidos ocurre cuando mezclamos una reactividad neurótica desequilibrada, relacionada con el corazón, con las cualidades equilibradas del mismo, que es con frecuencia el caso cuando hablamos acerca de temas como el amor, la aprobación y las necesidades emocionales que discutiremos más adelante en "El rol de la presencia en el equilibrio del centro" en la página 61. Otro tipo de malentendido ocurre cuando asignamos energías y funciones al corazón (en su capacidad de ser "lo opuesto a la mente") que son de hecho, parte de nuestra inteligencia instintiva.

Al mencionar el corazón, estoy segura de que en lo que la mayoría de la gente piensa es en el *amor*. Y claro que el amor es una parte importante de él. Se puede decir que el *amor* es para el corazón lo que *ser* es para las vísceras: su naturaleza intrínseca. El amor como tal, también nos habla de algo más que está íntimamente conectado con el centro del corazón: el tema de relacionarse y de la atención en el otro, y —la otra cara de la moneda— uno mismo. He mencionado que el centro visceral tiene que ver con *ser*; no me refiero a *quien* o cómo somos, sino al hecho de ser. En el centro emocional el *quien* entra en escena. Y para ser un quién, tengo que estar en relación con algo: el mundo, los demás, Dios o incluso yo mismo. Por la misma razón, al centro emocional le preocupan los valores ¿qué es verdad para mí y cómo necesita expresarse esta verdad? Tengo un sentido de quien soy a través de lo que valoro y cómo se expresan esos valores en mi día a día. En conexión con esto, encontramos también nuestra propia imagen, además de nuestro sentido de autoestima.

Con frecuencia se dice también que el corazón es la casa de los sentimientos. Yo creo que es cierto, pero también creo que la palabra *sentimientos* necesita aclararse. Como mencioné antes al hablar del centro instintivo, los sentimientos primitivos como la rabia, el miedo (físico) y el asco se encuentran en las vísceras como energías en bruto, instintivas, de encendido/ apagado. Puedes sentir rabia o miedo, o no. Claro que esta sensación puede ser más fuerte o ligera, pero la *energía* sigue siendo la misma, sin muchos matices. El corazón, sin embargo, tiene que ver con los matices emocionales, y los sentimientos en el corazón tienen también una cualidad más suave. Se puede tratar de sentimientos de dolor, decepción, añoranza, soledad, sumisión, desaliento, desesperación, compasión, pérdida, alegría, tristeza, euforia y así sucesivamente, muchas tonalidades de respuestas emocionales.

Tanto con estos sentimientos como con el factor "otros", la compasión entra en escena. El corazón en su más alta capacidad es *compasivo*. Tiene la capacidad de detectar lo que el otro siente, no necesariamente para caer en la misma energía emocional, pero esto no significa que yo me apropie del estado emocional de otra persona y me quede ahí, más bien que capto lo que está experimentando y puedo estar ahí con él además de ayudarle.

*Se puede decir que el amor
es para el corazón lo que
ser es para las vísceras: la
naturaleza del centro
como tal.*

Cuando se trata de sentir compasión y relacionarse, otro aspecto por el que se conoce al corazón, es interesante señalar qué parte de la habilidad para" relacionarse" y ser empático está ya en el centro instintivo. El saber en dónde estamos tú y yo en nuestra mutua relación, por ejemplo, o a dónde pertenezco (o no), así como mi habilidad de profundizar y hacer conexiones son cosas que encontramos en el instinto de adaptación, que exploraremos más a fondo en la segunda parte de este libro (comenzando en la página 101). Entonces, ¿qué hace lo relacionado con el centro del corazón diferente?

En primer lugar, el instinto de adaptación, al ser el tema más "joven" en el reino de los instintos, está muy

---

cerca del centro del corazón, tanto física como funcionalmente. Pero hay todavía una diferencia de matices, y esta
diferencia tiene que ver con el aspecto del "quien" que
mencioné anteriormente. En el reino instintivo, todavía
hay mayormente conciencia de que yo existo y,
finalmente, tú también, un "nosotros" que nace. Como lo
veremos más adelante, el instinto de adaptación cubre
habilidades tales como interpretar a las personas y las
situaciones, el preocuparse por otros, hacer conexiones y
construir juntos algo que es más grande que nosotros
como individuos. Pero no hay per se mucha reflexión
sobre el "yo" en este "nosotros" relacional. Los aspectos
auto reflexivos o aspectos narcisistas, por así decirlo, sin
ninguna connotación patológica de la palabra; por
ejemplo, las preguntas "quién soy yo" y "cuales son mis
cualidades", surgen en primer lugar al hablar del centro
emocional.

---

### HAZ LA PRUEBA | **RECONOCIENDO**
### **EL CENTRO DEL CORAZÓN**

Siéntate en algún lugar en donde no tengas interrupciones.
Ahora empieza por hacer unas cuantas respiraciones profundas. No tienes que exagerar; solo respira un poco más
profundo de lo que lo haces normalmente, y deja que salga
el aire mientras te relajas. Deja que tu cuerpo respire a su

41

propio ritmo, sin prisa; sólo haz que la respiración sea un poco más placentera, más sensorial de lo que normalmente es. Siente cómo esto expande tu pecho, el área alrededor del corazón moviéndose suavemente al surgir cada nueva respiración. Y date cuenta de cómo sientes esta área cuando el aire sale otra vez. ¿Cómo se siente? ¿Es una sensación relajada o "tensa"? ¿Notas algún movimiento? ¿Experimentas rigidez o quietud? Si sientes quietud, la quietud ¿se siente más como tranquilidad o como sentirse apagado? Solo date cuenta de lo que encuentras y sientes al respecto; no hay necesidad de juzgarlo o tratar de cambiarlo o sobre analizarlo.

Es aquí en donde encontramos al centro del corazón; justo en la parte media de tu pecho, debajo de tu esternón. Toma consciencia de la energía de este lugar. Es una vibración diferente, una frecuencia diferente a la del estómago. La mente puede tratar de especificar la diferencia, poner una etiqueta o definirlo. Si es el caso, deja que los pensamientos fluyan. No necesitas poner tu atención en ellos en este momento. En lugar de eso deja que la atención se quede en el corazón y en la cualidad del amor, lo precioso que es y su valor.

El corazón es el hogar de las emociones, nuestros sentimientos de identidad y nuestro sentido de valía personal. Sigue respirando, concentrándote en estas cualidades. Podrás darte cuenta de cómo son, o lo que cada una te hace sentir, y como eso influye en tus relaciones con los demás, observa si sientes que tu corazón está abierto o más bien "lo quieres proteger". ¿Te sientes herido con facilidad en tus relaciones? ¿Tiendes a ser alguien insensible que suele herir a los demás? ¿Expresas fácilmente tus sentimientos? O ¿solo algunos? ¿Cuáles? ¿Cómo reaccionas cuando otros te muestran libremente sus sentimientos — te sientes cómodo con las emociones que se expresan o no? ¿Si no por qué? ¿Te hacen sentir incómodo o te aburren o te haces responsable de manera exagerada de los sentimientos de los demás? Y si en este momento has logrado encontrar algo, ¿cómo te hace sentir?

Una vez más, no necesitas cambiar nada; sólo date cuenta. El corazón, definitivamente no juzga. solo dice: "bienvenido".

Creo que el corazón juega un papel interesante en nuestros tiempos. Mientras la mayoría de la gente en nuestra cultura, sin importar el tipo de personalidad, se identifica más deliberadamente con el intelecto y los pensamientos, y mientras las vísceras y los instintos (una vez más sin importar el tipo) actúan tras bambalinas, todos tenemos alguna noción sobre ellos, pero añoramos los aspectos equilibrados del corazón. Además, todos tenemos acceso a estos aspectos en cierto grado, aunque comúnmente dejamos que el prestigio, los impulsos instintivos semi conscientes y el análisis cognitivo los ahoguen. Pero están ahí y en algún nivel, somos conscientes de ellos. Por esta razón, el corazón puede ser el portal más accesible de nuestra cultura hacia una consciencia superior. Esto parece ser el lugar en donde, de manera colectiva, estamos a punto de dar nuestro próximo paso evolutivo. El "Movimiento de la Unidad"[3] es una expresión de esta energía y creo que la razón de su popularidad es que esta consciencia del corazón constituye el desafío más grande, pero a su vez el más accesible, y brinda las mayores posibilidades de crecimiento de nuestros tiempos.

---

[3] *The Oneness Movement*: movimiento espiritual creado en la India a finales de los 80 por Sri Bhagavan y su esposa Sri Amma. Cuyo objetivo es eliminar el sufrimiento humano basándose en la doctrina de que todos somos parte de un todo único.

# El centro mental

Ya que la mayoría de nosotros nos la pasamos pensando casi constantemente, el centro mental, de la cabeza o nuestra inteligencia cognitiva debe ser seguramente el centro que más conocemos. Sin embargo, la mayoría de la gente no es consciente de lo poco que utilizamos en la vida cotidiana las funciones de mayor fortaleza del centro mental Es un hecho que la mejor parte de nuestro "ancho de banda" cognitivo es normalmente utilizada en pensamientos compulsivos — pero lo que pensamos *acerca* de algo o a partir de ese algo es comúnmente una reactividad emocional e impulsos instintivos. Muchas veces, esto significa información inconsciente o semi inconsciente y preocupaciones que surgen de los centros visceral y emocional respectivamente. Si los reconociéramos genuinamente, no solo seríamos conscientes de ellos, también los entenderíamos por lo que son y podríamos relacionarnos con ellos en sus respectivos dominios en lugar de tratar de comprenderlos, analizarlos y etiquetarlos intelectualmente. Pero no lo son, por lo que nuestro enfoque colectivo en el intelecto pone todo en la agenda del centro mental.

Por supuesto que debemos usar los tres centros, pero se vuelve problemático cuando los disfrazamos con el razonamiento intelectual. No es para nada sorprendente que la mayoría de nosotros tenga este hábito. Pocos lugares de trabajo podrían tolerar un "No quiero" o un "Porque hoy estoy triste" como una razón para no cumplir con una tarea particular que se nos pide. Nos vemos obligados a encontrar explicaciones mentales para nuestros estados de ánimo, sentimientos, preferencias, gustos, lo que no nos gusta y esto empieza a una edad muy temprana. Cuando éramos niños, era muy frecuente que nos pidieran explicar —o peor aún: ignorar— nuestros impulsos instintivos y estados emocionales desde una perspectiva intelectual. "¿Por qué no quieres hacerlo?" o "¿Por qué lloras?", pudieron ser algunas preguntas que frecuentemente nos hacían de pequeños. Y para empeorarlo todo, ya que nuestras facultades intelectuales se desarrollaron mucho tiempo después, aprendimos a imitar las maneras de razonar para las que no teníamos la capacidad todavía desarrollada. El resultado fue que como adultos seguimos enfrentando muchas experiencias desde un punto de vista mental, analizando por demás o racionalizando nuestras

acciones, reacciones y preferencias. Si hoy investigára-
mos estos análisis y explicaciones, podríamos incluso
darnos cuenta de que no tienen mucho sentido ya que
nacieron de un razonamiento imitativo que surgió antes
de que fuéramos lo suficientemente maduros para
comprenderlo del todo. Básicamente, solo aprendimos a
usar argumentos mentales como protección para no
experimentar sentimientos e impulsos instintivos profundamente, ya que no teníamos el apoyo adecuado del
exterior para manejarlos.

## Las dos funciones del centro mental

Entonces, si la función del centro mental no es
monitorear, analizar y explicar (o justificar) nuestros
pensamientos e impulsos instintivos — ¿cuál sería
entonces su uso correcto? Aspectos relacionados con el
centro mental y que nos son familiares serían cosas como
la comprensión, el cuestionamiento, el razonamiento, las
opiniones, las dudas, la anticipación, las abstracciones y
las teorías. Aquí también encontramos varias versiones
mentales del miedo como la preocupación o la ansiedad
sobre el futuro que surgieron a través de las capacidades
de la duda, las teorías, la anticipación, etc. Pero desde mi
punto de vista, la función de la inteligencia cognitiva
equilibrada es doble: tiene una simple función *constructiva* relacionada con nuestra existencia física y otra

más elevada, *abierta*, relacionada con una mayor consciencia.

La función básica del centro mental se encarga de reunir información, clasificar y categorizar lo que nos llega: pensamientos, sentimientos, impulsos y lo que sucede en nuestro medio ambiente; además de evaluar y examinar situaciones, acciones, patrones y eventos y así sucesivamente. Podemos también, por supuesto, usar la cabeza para memorizar cosas, comprender conexiones, hacer planes y diseñar y cuestionar teorías. Todo esto está relacionado con recolectar, procesar o sacar conclusiones a partir de la información; acción constructiva cuando normalmente diríamos que esta inteligencia estaba activa.

La función superior del centro mental, por otro lado, no es constructiva. No hace ni produce nada y no implica un procesamiento lineal. Si la comparamos con la función constructiva y su sensación "activa", la función superior parece pasiva. Nota como, aparentemente, si tú ejecutas esta función en este centro, te darás cuenta de que no es pasiva para nada, solo requiere una presencia muy activa. Simplemente no requiere las acciones de la función simple.

Esta función de refiere a tener una actitud receptiva: estar simultáneamente despierto y completamente quieto, en silencio y escuchar. De esta manera las soluciones, las ideas, las verdades, las percepciones y el

- - - - - - - - - - - - - - - - - - - - - - - - - - - - - - - - - - - - - - - - - - - - - - - - - - - - - - - - - - -

conocimiento directo pueden encontrarnos, en lugar de que nosotros los busquemos. La función superior surge cuando no pensamos, cuestionamos o sacamos conclusiones de manera activa; cuando no hacemos nada con la energía intelectual, si no que la ponemos a disposición de una inteligencia superior.

---

## HAZ LA PRUEBA | RECONOCIENDO EL CENTRO MENTAL

Siéntate en un lugar en donde no tengas interrupciones. Ahora empieza por hacer unas cuantas respiraciones profundas. No tienes que exagerar; solo respira un poco más profundo de lo que acostumbras, ahora deja que tu cuerpo respire a su propio ritmo, sin prisas. Toma consciencia de tu respiración, tus pies, tu cuerpo; tu presencia en el aquí y el ahora.

Cuando hacemos este tipo de ejercicio, la mente suele salir a escena, comentando, analizando y teniendo opiniones, sugerencias y preguntas. Y eso está bien. De hecho, cuando miramos la mente, veremos que, en cierta manera, es como cualquier otro órgano del cuerpo. Hace lo que hace y no tenemos que involucrarnos de manera activa en los pensamientos, más de lo que tenemos que estar activamente involucrados con el páncreas o los riñones o la piel haciendo su parte para mantener nuestro sistema en funcionamiento.

Así que, el último de los tres centros es el intelectual. Es con el que estamos más familiarizados, tanto en el sentido de que "pensamos" la mayor parte del tiempo como en el sentido de que nos identificamos muy fácilmente con él. Por lo tanto, a partir de ahora toma consciencia de la mente como un tercio de la ecuación, como *parte* del ser, no como el todo. Miraremos más profundamente las verdaderas funciones de la mente, las funciones equilibradas que surgen cuando estamos en contacto con los otros dos centros también. Por ahora, sólo toma consciencia de la mente como una parte de tu sistema de inteligencia, la parte que tiene sentido y que entiendes.

Practica el darte cuenta de los pensamientos que llegan; sólo date cuenta sin ninguna necesidad de *hacer* algo con el pensamiento. No tienes que estar de acuerdo con él, de cuestionarlo, elaborarlo o rechazarlo. Por ahora nos concentraremos en el aspecto receptivo de la mente, el que se encarga de toda esta experiencia y del estar consciente; sin juicio, comparación o estrategias. Desde esta perspectiva, podemos permitir a los tres centros que estén ahí, que hagan lo que hacen, se abran a la experiencia. Mientras que un centro inferior no puede estar activamente informado o afectado por uno superior, este último tiene la ventaja de que puede estar consciente y considerar las frecuencias más bajas. Así que, por ahora, quédate abierto a la función de la cabeza, permitiéndote mantenerlo todo en consciencia, sin hacer nada con ella.

Siéntete libre de quedarte en este estado de consciencia el tiempo que quieras. Tal vez quieras concentrarte en algo que consideras importante en este momento o tal vez prefieras quedarte quieto por un rato. Cuando estés listo para abandonar esta exploración, solo toma un par de respiraciones profundas, mueve los dedos de las manos y de los pies, estírate y abre los ojos.

*La función más elevada del centro mental surge al no pensar de manera activa, cuestionar o sacar conclusiones; al no hacer nada con la energía intelectual, más bien disponer de ella para una inteligencia superior.*

Debido a que la función superior del centro mental, desde el punto de vista del ego y la personalidad, está tan cercana a la "nada", es muy fácil ignorarla. Esto lleva a una muy difundida interpretación errónea en muchos círculos de crecimiento interior en donde suele decirse muy a menudo que "nos salgamos de la mente", "... para que puedas meditar" lo que es irónico. Pero esto solo significa que no hemos visto la función superior y creemos que el pensamiento activo es todo para lo que la mente sirve. Sin embargo, hay más, y es su función más elevada. Así que el desarrollo de un centro mental sano tiene dos partes, y empieza con permitir a los centros instintivo-visceral y al del corazón manejar funciones que les fueron asignadas por naturaleza. El siguiente paso es reconocer y permitir ambas funciones del centro mental, sin detenerse en la básica y constructiva —aunque esto represente un aspecto extremadamente útil de este centro— como también hacer espacio para la verdadera función. Cuando lo hacemos, entonces mejoran los dos.

# La parte física de los centros y su papel en nuestra confusión

En los últimos años, la realidad de los centros está cada vez más aceptada. Marvin Oka de Australia (experto en modelaje de comportamiento y autor) y Grant Soosalu (cuya impresionante lista de credenciales incluye grados en Psicología y Practitioner Master en ciencias del comportamiento de PNL y Modelaje de comportamiento Avanzado) han mostrado que de hecho contamos con tres sistemas nerviosos separados: uno en la cabeza, uno en el corazón y otro en las vísceras. Si definimos al cerebro como algo que tiene una red de neuronas que recopilan información, que procesan dicha información y toma decisiones autónomas acerca de cómo responder, que de hecho lo hacen los tres centros de manera autónoma e individual, significa que tenemos, efectivamente, no uno sino *tres* cerebros separados. Ir a lo específico de cada uno de ellos desde una perspectiva neurológica y funcional excede el alcance de este libro, pero algo

53

interesante a señalar es la conexión entre ellos por el décimo nervio craneal, conocido también como *nervio vago* y como resultado, una gran mayoría de la información intercambiada a través de este nervio es *ascendente*.

Esto resulta relevante en nuestra experiencia y en el trabajo con los centros. No solo no son tres áreas simétricas, ni tienen el mismo peso, además están posicionadas de manera muy diferente en la relación entre ellas. Podemos pensar en el centro instintivo como el más primitivo, lo que puede hacer que nuestro centro de razonamiento intelectual prejuicioso lo considere en muchos aspectos como "inferior".

*No solo no son los centros tres áreas simétricas ni tienen el mismo peso, además están posicionadas de manera muy diferente en su relación entre ellas.*

Desde una perspectiva intelectual, parece un poco como una antigua versión de un programa informático, que se quedó de alguna manera, en el sistema, en lugar de ser desechado ante la actualización a la última versión. Pero como hemos aprendido, el centro instintivo ofrece funciones que aún se necesitan *y no son suministradas en ningún otro lugar* en cuanto a las últimas actualizaciones añadidas al sistema. Además, el fuerte énfasis en la "información ascendente" del nervio vago significa que el centro visceral es primitivo, pero también es a) muy influyente b) no muy susceptibles a la información que los otros dos centros aporten.

Por lo tanto, las vísceras y el corazón influyen mucho en la cabeza más que la cabeza en el corazón y las vísceras. Esto explica por qué es imposible, como lo mencionamos antes, razonar ante una experiencia emocional u obligarte a desear algo solo porque piensas que así debe ser. Ya que éstas son tres diferentes facultades con sus características específicas propias y sus funciones, esto es por supuesto, lo que se esperaría, pero puede sorprendernos ver de manera generalizada que el intelecto nos "gobierna" y de alguna manera se le ha dado el control de los otros dos centros.

## HAZ LA PRUEBA | LOS CENTROS
## COMPITIENDO POR LA ATENCIÓN

Siéntate en un lugar en donde no tengas interrupciones. Trata de estar presente de manera en que te sientas cómodo concentrándote. Trata de estar presente de la manera en la que mejor te funcione; concentrándote en tu respiración, contando de atrás para adelante, sintiendo tus pies o estómago o lo que sea.

Cuando hayas encontrado la manera de estar en tu cuerpo y te sientas en el momento presente, pon tu atención en tu consciencia de los impulsos instintivos, reacciones emocionales y patrones de pensamiento. Alguno de ellos: instintos, sentimientos o pensamientos ¿atrae más tu atención que los otros dos?

Si tu primera impresión es que piensas mucho en tu vida diaria, bueno la mayoría lo hace. Pero ¿en qué estás pensando? ¿Qué está ocupando tu atención? ¿Son cosas como poner límites, lograr algo, aprovechar (o no), restricciones y deseos o el lugar que ocupas en algún tipo de jerarquía? Esos son los temas del centro instintivo. Si se trata más acerca de ti en tu manera de relacionarte, de tu imagen y tu valía, de las relaciones y la cercanía e intimidad o de cómo están tus sentimientos; estos son temas del corazón. Y si se trata, sobre todo, de imaginar cosas, hacer conexiones cognitivas, preocuparse, abstraerse, analizar (incluyendo alguno de los temas mencionados), razonar, crear o descifrar estructuras de conocimiento, entonces es el centro de la cabeza el que está trabajando.

De manera similar, puedes darte cuenta de que sueles tener consciencia de muchos *sentimientos.* Ahí también pregúntate de qué clase de sentimientos estamos hablando. Si se trata de emociones "suaves" con matices emocionales — se preocupan de lo que sientes relacionado con los demás o qué sienten ellos en relación contigo, cómo te percibes o cómo van tus relaciones. Entonces puede ser que el centro del corazón te esté mostrando algo. Pero si sobre todo se trata de sentimientos o frustración por sentirte restringido, por ejemplo, si se trata de sentimientos de inquietud o enojo o si son impulsos más que sentimientos, son más las vísceras en acción, disfrazadas del corazón.

En raras ocasiones también podría suceder que alguien sintiera mucha actividad en el centro visceral, lo cual, por supuesto, puede ser sólo eso, pero lo que también, viéndolo más de cerca, podrían ser patrones de pensamiento que tienen que ver más con "los debería" mentales y abstracciones que simplemente se enfocan en aspectos instintivos.

Si te das cuenta de que habitualmente experimentas señales de un centro pareciendo que viene de otro; por ejemplo: te sientes controlado (un tema visceral) pero surge como una molestia emocional, o te estás sintiendo realmente decepcionado y defraudado, pero surge como razonamientos, explicaciones, justificaciones y lo que se tiene que hacer al respecto. Solo date cuenta de que es común que mezcles impulsos o reacciones de un centro como si vinieran de otro. ¿Por qué crees que esto sucede? ¿Qué crees que puede suceder si te permites experimentar los impulsos o sentimientos tal como son y si dejas que el centro correspondiente "sea dueño" de la experiencia sin tener que disfrazarlo como algo diferente?

Igual que en las otras exploraciones, no hay necesidad de tratar de cambiar tu experiencia, asociarla con tu Eneatipo, juzgarte por hacer algo equivocado, o de lo contrario, regañarte o tratar de cambiarte a ti mismo. Esto —solo experimentar y estar presente con la experiencia por un rato— es practicar autoconocimiento. Es todo lo que necesitas hacer.

Cuando estés listo para salir de esta exploración, solo haz un par de respiraciones profundas, mueve ligeramente tu cuerpo, estira y abre los ojos.

Por supuesto, al estar en sintonía con nosotros mismos, podemos dejar que los tres centros se expresen y seremos capaces de elegir una vez que hayamos considerado la información. Podemos sentir que un nuevo colega del trabajo intenta tomar el control de tal manera que quisiéramos golpearlo, que por cierto sería una información proveniente del centro instintivo; pero por supuesto, no nos dejamos llevar por ese impulso, ya que no creemos en la violencia física, o al menos sabemos que estaría mal visto; lo cual es una contribución del centro mental. O podríamos obtener información adicional acerca de dificultades por las que el colega en cuestión ha pasado y responder con comprensión empática y perdón, que sería una respuesta del centro del corazón y no darle tanta importancia. Pero después razonamos (volviendo al centro mental) que eso no es excusa para su comportamiento. Al final, es posible que todavía queramos abordar el problema, pero con toda pro-babilidad seremos capaces de manejarlo de una manera más productiva si estamos en contacto con los tres centros por igual. El punto es que un centro más evolucionado tendrá un impacto en nuestras elecciones, pero no cambiará los impulsos o reacciones más primitivos, lo que, a su vez, puede alertarnos sobre cosas que a los centros superiores de otro modo se les escaparía.

Idealmente lo que terminamos haciendo no lo decide ninguno de los centros, sino una elección hecha después de un inventario completo. Sin embargo, lo que sucede a menudo cuando tenemos impulsos y reacciones "nega-tivas", no-intelectuales desde los centros instintivo y del corazón, es quedado que no podemos *pensar* en cómo salir de ellos, creemos que debemos someterlos para ser capaces de tomar "decisiones racionales".

*Al estar en sintonía con nosotros mismos, podemos permitir que los tres centros hablen, y podemos elegir después de considerar toda la información recibida.*

Es como si creyéramos que por el solo hecho de permitirnos ser conscientes de estos impulsos y reacciones, nos quedáramos esclavizados a ellos. Lo irónico es que estamos más esclavizados por ellos al *no* permitirnos ser conscientes de ellos de manera activa. Esto, una vez más, parece ser el caso independientemente de nuestro Eneatipo, pero tal vez vestido con una ropa diferente dependiendo de cuál es el centro base de nuestro tipo.

# El rol de la presencia en el equilibrio del centro

Un centro desequilibrado no es lo mismo que uno sub-desarrollado. Un centro desequilibrado se expresa de todos modos, solo que lo hace de un modo menos constructivo y placentero. En cambio, cuando un centro está subdesarrollado, tiende a estar simplemente "fuera de servicio", algo de lo que no somos normalmente conscientes y a lo que no damos mucha importancia. Esto puede ser a veces una bendición disfrazada; hablaremos de esto más adelante en esta sección "¿Presente en el corazón, dormido en las vísceras?" en la página 87.

Qué tan equilibrado un centro puede estar dependerá de nuestra capacidad de estar presente. Al estar presentes, estamos en contacto con nosotros mismos, y sabemos lo que pensamos y sentimos. Nuestras acciones se encuentran ancladas en la consciencia, en lugar de las reacciones ciegas y automáticas hacia ciertos eventos, tanto externos como internos, que son normalmente el

resultado de suprimir impulsos y reacciones que teme-
mos sean inaceptables. En lugar de esquivar estos impulsos y reacciones (o hasta pensamientos, aunque,
claro, nuestros prejuicios intelectuales tienden a verlos
como aceptables), los incluimos y experimentamos.
Después de hacer este inventario podremos entonces
tomar decisiones bien fundadas que no omitan tanto
partes de nosotros mismos, como reglas o sentido común.

## Los centros, cuando estamos presente vs cuando no estamos presentes

La experiencia de estar presentes es muy específica para
cada uno de los centros. Se vuelve más claro qué va en
dónde y lo que hace realmente cada centro, dado que
nuestra presencia trae las cualidades "limpias" y
verdaderas de cada "cerebro" o inteligencia.

### El centro instintivo

El contacto con el centro instintivo nos proporciona un
"sentimiento visceral" o impulso instintivo, una consciencia de lo que queremos y un sentido absoluto sobre
nuestro derecho de estar en el mundo. No es necesariamente que tengamos sensaciones viscerales, deseos etc.
todo el tiempo, pero cuando estas cosas se vuelven
relevantes, se les despeja el camino para darse a conocer,
sin ese estado borroso que es lo que usualmente sucede

al estar menos presente. Nos sentimos también felices de ser conscientes de ellos mientras nos damos cuenta de que es sano ser conscientes de nuestros impulsos instintivos y de que esta consciencia, de hecho, incrementa nuestra habilidad de elegir conscientemente lo que finalmente hacemos.

Cuando el centro instintivo está desequilibrado, en primer lugar, estará tenso o querrá mantener el control, o lo que percibimos como tal. Esto puede volvernos territoriales (ya sea físicamente o en un sentido más amplio, o en ambos) más decididos a hacerlo a nuestra manera y/o más propensos a la resistencia; si no antes, entonces por lo menos cuando fallan otros esfuerzos para lograr el control.

---

HAZ LA PRUEBA | **SIENTE TU EQUILIBRIO VISCERAL**

Siéntate en algún lugar en donde no tengas interrupciones. Ahora hazte presente de la manera en que te funcione, enfocándote en tu respiración, contando de atrás para delante, sintiendo tus pies o estómago o como tú prefieras.

Una vez que te encuentres presente en tu cuerpo y en el momento presente, pon tu atención de nuevo en la consciencia del centro instintivo. ¿Estás comenzando a sentir lo que es? Si es el caso, cómo experimentas comúnmente tu centro instintivo; ¿de manera equilibrada, sabiendo lo que quieres, estando familiarizado/a con él y escuchando tus "sensaciones viscerales" y/o estando generalmente enraizado y estable? ¿O son más bien las cualidades desequilibradas de este centro con las que estás más en contacto?: resistencia, queriendo todo a tu manera o forzando las cosas y haciéndolas a tu manera cuando sientes que de otra forma corres el riesgo de perder el control?

Esta es una exploración más sensorial. Por favor abstente de hacer juicios o de criticarte. Date cuenta de lo que te das cuenta, y déjalo ser. No quiere decir que no haya más (generalmente lo hay y si un centro comienza a expresarse tiende algunas veces a hacerlo tanto de manera equilibrada como desequilibrada) pero aquí estamos apenas empezando, paso a paso.

Cuando estés listo para terminar esta exploración, haz un par de respiraciones profundas, mueve ligeramente el cuerpo, estírate y abre los ojos.

Creo que el centro instintivo, probablemente, es más conocido por su aspecto negativo ya que opera muy por debajo del radar de la percepción consciente. Si hace su trabajo, realmente no nos damos cuenta, excepto tal vez cuando algún talento especial llega a expresarse en cierto instinto: "Tienes un gran talento para arreglar los muebles", "Eres tan bueno organizando" o "Sheela seguramente conoce a alguien que puede hacer esto por ti, ella conoce a todo el mundo".

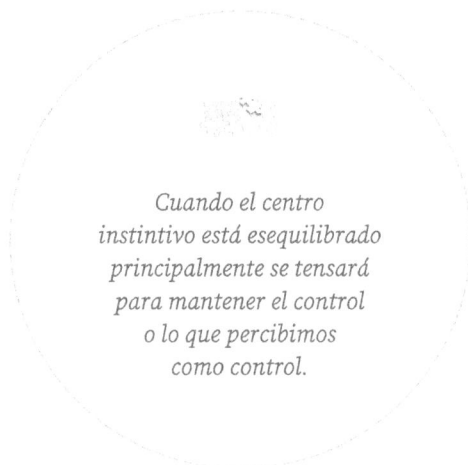

*Cuando el centro
instintivo está esequilibrado
principalmente se tensará
para mantener el control
o lo que percibimos
como control.*

Sin embargo, es fácil para nosotros detectar este centro en acción si está desequilibrado. La gente que se abre paso en el tráfico cuando vas conduciendo o simplemente se niega a ceder sobre algún tema en especial, llama la atención como "dominante", "terco" o "no cooperador". Y suele también llamar la atención si tiene tendencias de adicción al trabajo, es propenso a tomar demasiados riesgos, tiende a tener actitudes exigentes acerca de lo que lo rodea o es visto, socialmente, como una "causa perdida" Así que, en el centro instintivo, estamos acostumbrados al funcionamiento practico y equilibrado —cuidando nuestras necesidades básicas e interacciones diarias— y reconocemos la expresión de este centro más claramente al expresarse de una manera negativa o si se encuentra subdesarrollado.

## El centro emocional

Al estar presentes, el contacto con el centro emocional nos permite descansar sabiendo que nos sostiene algo más grande que nosotros. Existe una fuerte cualidad de aceptación amorosa y surge de manera natural una generosidad genuina. Somos conscientes nuestros sentimientos y somos capaces de estar con ellos en el momento, y podemos en cierto modo discriminar cuales sentimientos son realmente *de ese* momento, en contraposición a los viejos patrones que se desencadenan.

Al estar desequilibrado el centro emocional, podemos volvernos demasiado emocionales, demasiado dramáticos, exagerando nuestras "habilidades sociales" (por ejemplo ser demasiado entrometido al grado de que sabemos todo de todos y usamos ese conocimiento para manipular y chismear), aferrarnos al prestigio y al status y generalmente confundir nuestra valía personal con cosas cuantificables como el dinero, títulos y amigos, lo admirados que somos o el gran número de amigos que tenemos y así sucesivamente. Podríamos imitar un comportamiento que puede representar una conexión genuina del corazón, sólo para hacernos lucir bien, valiosos y dignos de ser amados.

---

## HAZ LA PRUEBA | **SIENTE TU EQUILIBRIO EMOCIONAL**

Siéntate en algún lugar en donde no tengas interrupciones por un rato. Ahora, intenta estar presente de la manera en que te funcione; enfocándote en tu respiración, contando de atrás para delante, sintiendo tus pies o tu abdomen o lo que sea.

Cuando te sientas en tu cuerpo y en el momento presente, pon tu atención de nuevo en el centro de la consciencia del centro del corazón. ¿Estás empezando a sentirlo? Si es el caso, ¿cómo sueles experimentar al centro del corazón; ¿de manera equilibrada siendo consciente de tus emociones y (transitoriamente) consciente del grado de su importancia en este momento, sintiendo fácilmente empatía y estando cómodo con que los demás expresen sus sentimientos? O son más bien las cualidades desequilibradas de este centro las que te son familiares: drama, forzar la cercanía cuando no es apropiado o cuando lo quieren los demás, medir tu valía por lo que tienes: ¿amigos o logros o tal vez poner una máscara de éxitos para compensar un sentimiento interno de vacío?

Igual que el ejercicio de equilibrio visceral, ésta es una exploración sensitiva. Por favor abstente de hacer juicios o de autocriticarte. Solo date cuenta de qué te das cuenta y déjalo ser. No quiere decir que no haya más (generalmente hay, y si un centro se expresa, lo puede hacer ocasionalmente, tanto de manera equilibrada como desequilibrada) Pero, aquí, estamos solamente yendo paso a paso.

Cuando estés listo para terminar esta exploración, haz solo un par de respiraciones profundas, sacude un poco tu cuerpo, estírate y abre los ojos.

El centro emocional, como lo mencioné antes, ocupa un lugar interesante. De manera colectiva, parece que hay una semi consciencia de sus funciones y características; las tenemos claras, al contrario de las del centro visceral, pero al mismo tiempo no nos identificamos con ellas hasta el punto de no verlas, como sucede con la cabeza. Ésta es probablemente la razón de por qué los primeros ejemplos de las cualidades desequilibradas del corazón comienzan con "demasiado". En el corazón, muchas de las mismas cualidades son vistas como equilibradas y desequilibradas. La generosidad equilibrada y genuina se vuelve egoísta al apropiarse el ego de ella y así sucesivamente para muchas de las cualidades del centro emocional. De cualquier manera, no se puede distinguir fácilmente la diferencia; la *calidad* con la que hacemos lo que hacemos hace la diferencia.

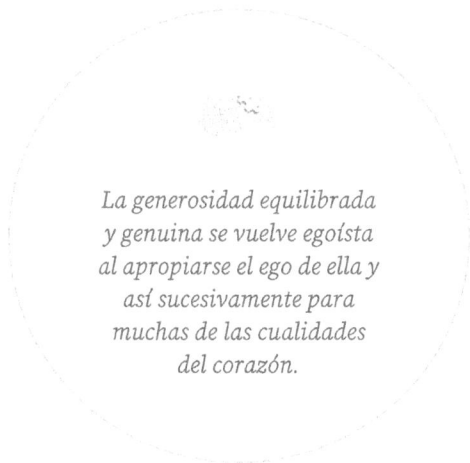

*La generosidad equilibrada y genuina se vuelve egoísta al apropiarse el ego de ella y así sucesivamente para muchas de las cualidades del corazón.*

La confusión entre equilibrio y desequilibrio en este centro es tan profunda que mucha gente puede decir que se siente amada cuando su pareja está de hecho controlándola, o decir que ayuda cuando en realidad se mete en la vida de alguien, cosa por lo cual claramente no será apreciado.

Es interesante que exista también el opuesto: acusar a alguien de ser abusivo o negligente cuando está de hecho usando "amor duro" para ayudarte. Y otra expresión más de la misma confusión es cuando alguien pide honestidad, y luego se molesta si no se está de acuerdo con ellos, o cuando la gente proyecta una serie de necesidades de todo tipo y miedos en alguien más y le llaman amor o vulnerabilidad. Existe una tendencia a pensar que el amor es igual a codependencia sentimental, débil y cursi; que no es capaz de tomar una postura o establecer límites sanos. Si ésta es nuestra visión del amor, este amor no se basa en el ser. Aunque sin esa base no existe amor genuino. Como sociedad, estamos completamente confundidos acerca de las expresiones del centro emocional, lo que significan y lo que es una expresión equilibrada de este centro.

## El centro mental

Al estar presentes, el centro mental es una fuente de sabiduría y conocimiento directo y es una habilidad que nos permite ser testigos de nosotros mismos y de los que nos rodea de manera clara. Al estar presentes, podemos usar ambas funciones equilibradas del centro mental en la medida en que las hayamos desarrollado: la habilidad de procesar información de manera constructiva, como la habilidad de estar abiertos y receptivos a una inteligencia superior. A través de estas dos funciones podemos usar también este centro para "moderar" lo que se reporta desde los otros dos centros. Como observamos previamente, no podemos, por ejemplo, *hacer* que las vísceras registren atracción o que el corazón sienta compasión. Pero con la ayuda del centro mental, podemos usar métodos y herramientas para entrenarnos a ver las cosas de forma diferente y así, de manera literal, cambiar nuestra forma de pensar acerca de algo.

*No podemos por ejemplo hacer
que las vísceras registren atracción
o el corazón sienta compasión. Pero
con la ayuda del centro de la cabeza,
podemos usar métodos y herramientas
para entrenarnos a ver las cosas de
manera diferente y así, de manera
literal cambiar nuestra forma de
pensar acerca de algo.*

Podríamos, por ejemplo, hacer un esfuerzo consciente para comprender por lo que una persona ha pasado, lo que podría ayudarnos a sentir compasión en el corazón, en donde antes tal vez podría haber solo menosprecio y así sucesivamente. Claro que no es posible ordenar previamente los impulsos y sentimientos exactos que quisiéramos; pero con un poco de ayuda del centro mental podemos reconocerlos y practicar abrazarlos.

## HAZ LA PRUEBA | **REGISTRA TU EQUILIBRIO INTELECTUAL**

Siéntate en un lugar en donde no tengas interrupciones por un rato. Ahora, intenta estar presente de la manera en que te funcione; enfocándote en tu respiración, contando de atrás para delante, sintiendo tus pies o abdomen o lo que sea.

Cuando te sientas en tu cuerpo y en el momento presente, pon tu atención de nuevo en el centro intelectual. ¿Estás empezando a comprender su concepto? Si es así, ¿cómo acostumbras a experimentar tu centro intelectual? ¿En las dos funciones equilibradas de coleccionar, clasificar, evaluar y valorar información de una manera constructiva y de buscar quietud y estar disponible a un conocimiento mayor? O más bien ¿son las cualidades desequilibradas de este centro las que te parecen más familiares como el

------------------------------------------------------------------

discutir de manera compulsiva, dudar, preocuparte y tratar
de razonarlo todo a tu manera?

Una vez más, igual que en los ejercicios previos, esta es una
exploración muy sensitiva. Por favor abstente de hacer
juicios y de autocriticarte. Solo date cuenta de lo que te das
cuenta y permite que sea así. Esto no es decir que no hay
más (generalmente hay y si se expresa un centro lo puede
hacer tanto de manera equilibrada como desequilibrada).
Pero aquí estamos caminando paso a paso

Cuando estés listo para terminar esta exploración, solo haz
un par de respiraciones profundas, sacude un poco tu
cuerpo y abre los ojos.

El centro mental tiene también una posición única entre
nosotros, que nos hace identificamos muy fuertemente
con él; no necesariamente individualmente sino de
manera colectiva, como cultura. Si bien el centro instintivo es quizás más conocido por sus desventajas, el
mental se considera el buque insignia de la humanidad;
una inteligencia que no puede hacer nada malo, sino que
debe ser acreditada por todos los avances de nuestra
sociedad El mero hecho de que nos refiramos a su estilo

particular de inteligencia solo como "inteligencia" nos da una pista de qué tan grande es nuestra identificación con este centro y qué tan relativamente inconscientes somos de los otros dos. Y, por supuesto, es cierto que el centro de la cabeza debe atribuirse en gran medida a nuestro progreso. Sin embargo, igual que nuestra civilización avanzada viene con algunos defectos, nuestra inteligencia cognitiva también es defectuosa; especialmente *cuando se nos pide desarrollar tareas que son del dominio de las vísceras o del corazón,* tales como decidir qué sabor prefieres en tu comida o el compartir intimidad emocional.

La inteligencia cognitiva tiene constantemente una sobrecarga de trabajo, y en su mayor parte con material que no está equipada para manejar. Esta es probablemente la razón por la que la meditación, mindfulness y otras prácticas nos atraen tanto. Aunque desafortunadamente, nuestro fracaso para comprender que los centros son solo una tercera parte de nuestra inteligencia total, significa que es difícil para la mayoría de nosotros solo sentarnos y meditar. Al hacerlo, saldrá a la luz el material sin procesar de los otros dos centros. Podríamos estar inquietos, obsesivamente preocupados por las cosas que suceden en el cuerpo físico o nuestro entorno, o simplemente somnolientos, como una forma de escapar.

*El mero hecho de que nos
refiramos al estilo particular de
inteligencia de la cabeza
solo como "inteligencia",
nos da una pista de qué tan
grande es nuestra
identificación con
este centro.*

Necesitamos dar espacio a los tres centros para que sean lo que son. Cuando los aceptamos con sus propias cualidades únicas, sin tratar automáticamente de censurar, editar o mejorar sus contribuciones, sino simplemente dejándoles hacer lo suyo y solo entonces decidimos "ser inteligentes" al respecto, comenzamos a utilizar realmente los bellos recursos que la naturaleza nos dio.

*Tus facetas ~*
Cicci Lyckow Bäckman

-------------------------------------------------------------------------

# Conceptos erróneos cotidianos y callejones sin salida terapéuticos

Al empezar a interesarme en los centros, terminé fascinada con simples descubrimientos. Estos explicaban tanto; especialmente cuando se trataba de el por qué algunas veces no obtenemos los resultados que esperamos en nuestro trabajo interno. Un ejemplo es la manera en que asignamos varios fenómenos a cierto centro y después tratamos de resolver un problema ahí, cuando hay de hecho otro centro trabajando en él, por lo que tendrá que lidiar con el problema para manejar el asunto de una manera significativa. Vimos esto más arriba en la sección "La parte física de los centros y su papel en nuestra confusión" (página 53) y el ejercicio "Centros compitiendo por la atención (página 56). Aquí daré algunos ejemplos para ilustrar a qué me refiero.

## Deseo abstracto — un asunto que no es precisamente del centro instintivo

"Querer algo" es uno de mis temas preferidos, ya que saber lo que queremos es fundamental para nuestro auto-conocimiento y poco usual. Querer algo, como lo mencioné con anterioridad al hablar del centro instintivo, está relacionado con las vísceras. Es un apetito de ciertas cosas, una atracción, un impulso hacia el movimiento. El objeto no es necesariamente una cosa o una persona, sino que puede ser una cierta vía de acción. Pero hay un aspecto de inmediatez en ello; algo de lo que me puedo dar cuenta o empezar a darme cuenta *ahora*.

Sin embargo, es muy común que digamos que "queremos" cosas que ni tienen que ver directamente con nosotros ni las queremos realmente, y resultan ser más bien deseos o anhelos (como el "querer" encontrar una pareja que sería un asunto del corazón, tal vez se podría llamar de una manera más apropiada: nostalgia) o planes y estrategias para el futuro (como el "querer" empezar nuestro propio negocio, que sería un asunto de la mente, llamado tal vez más propiamente: planear o soñar). Por supuesto no tiene nada de malo decir "Quiero crear mi propia compañía", lo que refleja, en el mejor de los casos, un plan, pero para manifestar realmente algo, necesitaría agregar un deseo más genuino anclado en las vísceras: "Quiero salir y decirle a la gente lo que hago", "Quiero ir a ver este lugar de trabajo que está en venta" o cualquier otra cosa. De lo contrario, te quedarás con un sueño vacío, que sería un ejemplo de uno de los problemas de un centro mental desequilibrado, específicamente su propensión a permanecer en lo abstracto.

*El querer algo del centro instintivo es un apetito de ciertas cosas, una atracción, un impulso hacia el movimiento; algo de lo que me puedo dar cuenta, o empezar a darme cuenta ahora.*

Algunas veces, cuando la gente se siente atrapada en su vida; una condición que solo por su nombre, te dice algo acerca del centro que está involucrado, surge una pregunta común que un amigo o un coach puede hacer "¿Qué es lo que quieres? Mucha gente no tiene idea y no podrán decir mucho al respecto. Otros manifestarán deseos, sueños o escenarios futuros, pero en realidad no tienen idea de cómo llegar ahí. Sea lo que sea, si nos encontramos en esta situación, necesitamos familiarizarnos mejor con el centro instintivo.

## La incapacidad de perdonar — un asunto que no es precisamente un tema del centro del corazón

Otro fenómeno interesante que aparece frecuentemente es el del perdón; un asunto obviamente conectado con el centro mental, ¿verdad que sí? Esto es muy interesante, como yo lo entiendo y en mi experiencia, el perdón es de hecho algo concerniente al corazón. Sin embargo, la *renuencia* a perdonar está muy relacionada con las vísceras. Nos quedamos atorados en algo imposible de "superar" o incluso "digerir". Más que nada, el no poder perdonar tiene que ver con el control y la resistencia, fuertes aspectos del centro instintivo. Como la resistencia sirve para controlar una realidad que ya sucedió —y que nos sentimos imposibilitados de perdonar— esto claro es algo fútil. Pero mientras el centro instintivo no lo experimente de esa manera, efectivamente bloqueará nuestro acceso al centro emocional en el asunto específico en el que estamos reteniendo el perdón. Y como lo dije antes, un centro inferior puede en gran medida informar a uno superior, pero no a la inversa.

Esto significa que, al trabajar en el perdón, tenemos que hacerlo con nuestro centro instintivo y con todo lo que está conectado con esta inteligencia. Necesitamos trabajar en lo que "nos impide" perdonar en lugar de "¿por qué debemos perdonar?" (que sería tratar de usar la cabeza para informarle al corazón que vaya en contra de las vísceras; lo cual no es productivo) o "sintonizar con sentir amor y perdón" (lo que es un intento para producir algo en el corazón para anular el impulso instintivo; lo cual es igualmente inútil). Los bloqueos pueden disolverse al hacer un trabajo relevante en el centro instintivo, por ejemplo, explorar en sí la resistencia, aceptar que está ahí y comenzar a sentir curiosidad acerca de ella, en lugar de empujarla o tratar de negarla, los bloqueos pueden comenzar a disolverse.

## "Fantasmas mentales" — no es necesariamente un tema del centro de la cabeza

Hace algún tiempo, una amiga, que comenzaba a salir con una persona nueva, se dio cuenta que él empezó a ver la relación como un noviazgo. Ella en cambio, todavía lo veía a él como alguien con quien solo salía y la perspectiva de él disparó en ella reacciones familiares y no del todo cómodas. Cuando ella le habló acerca de esto y

trató de explicar cómo se sentía, la respuesta de él fue:
"Ah, ¿entonces, los viejos 'fantasmas mentales'?" A lo que
él se refería era a los cuestionamientos, las dudas y las
preocupaciones. Cuando mi amiga me contó esto más
tarde, sentí curiosidad y le pregunté si era eso realmente.
El Eneatipo de mi amiga (a la que conozco bien), es Nueve
y yo supuse que sus "fantasmas mentales" no tenían nada
que ver con la mente. Y efectivamente, al considerarlo,
ella pudo ver que lo que esto le detonó fue una necesidad
de defenderse y de autoprotegerse relacionadas con
temas como el tener suficiente tiempo para sí misma,
sentirse controlada y otras cosas obviamente relacionadas con las vísceras.

Creo que esto es bastante común. Después de todo,
pasamos la mayor parte del tiempo pensando sobre
diferentes cosas. Pero muchas veces los pensamientos
son solo comentarios comunes a reacciones e impulsos
que pertenecen al terreno del corazón (si se trata de una
pérdida, por ejemplo, o cómo nos sentimos en relación
con alguien) o al terreno visceral (acerca de temas
territoriales, control, deseos y no deseos) y así sucesivamente. Como estamos acostumbrados a involucrar constantemente al pensamiento, pareciera que el pensar
como tal es el problema que tenemos que resolver. En mi
experiencia, eso a veces puede ayudar, pero también
tenemos que considerar y trabajar con lo que está
sucediendo en los otros dos centros. A menos que y hasta

que lo hagamos, nuestro trabajo con la mente solo continúa y los asuntos que en verdad importan no se resuelven realmente.

## Patrones del pensamiento que nos son muy familiares — reaccionando a las construcciones mentales

Los ejemplos anteriores nos llevan a la regla de oro de que la solución es por lo general "más profunda" de lo que estamos buscando y como lo dije antes, un centro superior no puede informar a uno inferior. Sin embargo, sucede frecuentemente que los centros inferiores se disparan automáticamente por patrones de pensamiento recurrentes y arraigados. Un ejemplo podría ser un intenso sentimiento de amor, que resulta de una proyección mental, o una actitud defensiva relacionada con una persona por la creencia de que en su cultura o etnia esto no es aceptado.

Nuestras mentes tienen la habilidad de crear patrones de pensamiento o creencias cognitivas profundamente arraigadas, que automáticamente las consideramos verdaderas: "las cosas son de tal manera" O "el mundo funciona de tal manera". Esto podría llevarnos a pasarlas por alto y no verlas como algo que puede servirnos en nuestro trabajo interno. Pero claro, a veces el intelecto es de hecho lo que debe abordarse. Si tengo una creencia arraigada de que todos están en mi contra, por supuesto que esto disparará una respuesta visceral defensiva. Sin importar cuanto trabaje en esa respuesta visceral en una situación dada, seguirán apareciendo situaciones nuevas que reforzarán a esta creencia fuertemente arraigada. Si creo que hay algo mal en mí y no obtuve el mismo manual sobre la vida que al parecer tienen todos los demás, puedo trabajar en mi autovaloración y amor a mí mismo una y otra vez, pero mientras no trabaje en mis creencias. seguiré en el mismo lugar. Con esto me refiero también a que los pensamientos merecen el dedicarles un trabajo interno.

Estos son solo unos cuantos ejemplos. Si investigamos un poco en nuestras propias vidas, si escuchamos verdaderamente nuestras conversaciones con los demás, nos daremos cuenta de que muy a menudo vemos y manejamos temas y problemas en un centro equivocado. Los ejemplos pueden seguir: asumimos el papel de mártir y decidimos que estamos decepcionados (asunto del corazón) cuando de hecho estamos bastante enojados, lo que, una vez más, habla de la energía visceral más que la del corazón. O discutimos (cabeza) enojados (vísceras) acerca de por qué algo que alguien hizo estuvo mal y/o necesita ser cambiado, cuando la verdad es que estamos decepcionados y sentimos una tristeza genuina — una vez más, una carácterísstica del corazón, y una con la que podríamos sentirnos incómodos al dar espacio, ya que no creemos que esto nos aportará una solución "más avanzada".

*Si tengo una creencia arraigada de que todos están en mi contra, por supuesto que eso disparará una respuesta visceral defensiva. Sin importar cuanto trabaje en esa respuesta visceral en una situación dada, seguirán apareciendo situaciones nuevas que refuerzan a esta creencia fuertemente arraigada.*

Así que la confusión continúa impulsada principalmente por dos factores: en primer lugar, nuestra afinidad colectiva y cultural por la mente, que nos hace abordar inconscientemente incluso los asuntos instintivos y del corazón desde un punto de vista estratégico, y, en segundo lugar, nuestra renuencia a aceptar y quedarnos con experiencias incómodas. sin "hacer" nada para cambiarlas. (Hablaremos brevemente de esto, más adelante en la sección "Los centros en la espiritualidad y el crecimiento personal" en la página 91.

Todo esto, una vez más, echa luz sobre lo importante que es no quedarse fijado en un centro específico. Necesitamos ser conscientes de los tres como partes de un todo, y, al mismo tiempo, apreciar sus diferencias en cuanto a su enfoque, función y expresión.

---

## HAZ LA PRUEBA | ¿TIENES ALGÚN SESGO EN RELACIÓN A LOS CENTROS?

Siéntate en un lugar en donde no tengas interrupciones por un rato. Ahora, intenta estar presente de la manera en que te mejor te funcione; enfócate en tu respiración, contando de atrás para delante, sintiendo tus pies o tu abdomen o lo que sea.

Al leer las situaciones descritas anteriormente, ¿Alguna de ellas te suena familiar? Tal vez te das cuenta de un hábito de "elevar tus sentimientos de manera abstracta", analizándolos, justificándolos o explicándolos; en lugar de solo permitirte sentirlos. O tal vez te des cuenta de que lo que pensaste que eran opiniones, que, de hecho, son respuestas instintivas, que después racionalizaste como pensamientos. Permitete ser curioso. Trata de revivir una situación previa en tu memoria (puedes empezar con algo poco agradable o que te dejo algo insatisfecho) y míralo, sin juicios desde la perspectiva de los centros:

¿Puedes pensar en una manera de dar más espacio en tu día a día para aquellos aspectos en ti a los que no les has prestado mucha importancia?

Cuando estés listo para terminar esta exploración, haz un par de respiraciones profundas, mueve un poco tu cuerpo, estira y abre los ojos.

# ¿Presente en el corazón y dormido en las vísceras?

Algunas veces cuando la gente habla de presencia, y/o al hacer una revisión de los ejercicios anteriores, es fácil a veces, tener la impresión de que puedes estar totalmente presente y despierto exclusivamente en un centro (o un aspecto tuyo). Esto es un malentendido ya que la presencia no es selectiva. Entonces ¿cómo podemos explicar cuando alguien parece genuinamente adepto a relacionarse y a sentir los aspectos que son del corazón y al mismo tiempo no estar del todo en contacto con las expresiones de las vísceras o la cabeza?

*Permitir de manera consciente que un centro descuidado entre en acción, significa recorrer un largo camino para equilibrarse por completo.*

Como se dijo anteriormente, existe una diferencia entre un centro desequilibrado y otro que no está bien desarrollado. Un centro desequilibrado se manifestará de las maneras ejemplificadas arriba. Si estamos presentes, es probable que nos demos cuenta de esto antes de que las reacciones internas se manifiesten en un comportamiento actual. Por otro lado, para darnos cuenta de que un centro, no se está manifestando para nada, es posible que necesitemos estar presentes con una consciencia más activa y por periodos de tiempo más prolongados. Cuando un centro está subdesarrollado estaremos un poco ciegos a sus funciones, y la expresión de este centro será moderada, no equilibrada ni desequilibrada, sino menos visible en general.[4]

Es aquí en donde podemos encontrar la bendición disfrazada, que mencioné anteriormente. Un centro que no ha sido reclamado como expresión del ego, es decir, que se utiliza para construir la auto imagen o la auto percepción, puede estar subdesarrollado. Si no fuera así, sus funciones probablemente también habrían sido usurpadas con toda probabilidad por el ego ya que generalmente el ego es nuestro desarrollador más entusiasta de las características internas. Esto significa que esas

---

[4] Don Riso y Russ Hudson utilizan el término "revuelta de los centros", para describir cómo los tipos secundarios en los niveles promedio revuelven al centro dominante y al que está más cerca de él, dejando al tercer centro materialmente fuera de escena. Otros autores, por ejemplo: Hurley/Dobson, en su lugar, se han enfocado en el tercer centro como el reprimido. El punto de ambos es que podemos lograr un equilibrio que aumenta a través del trabajo con el tercer centro.

mismas funciones, una vea despertadas, estarán menos sesgadas e influenciadas por la actividad del ego y los patrones de la personalidad que los de los otros centros.[5] Permitir a este centro que entre en acción de manera consciente, lo que puede requerir o no de un coach o terapeuta, dependiendo del grado de autoconocimiento de la persona, puede contribuir bastante para equilibrar el todo. Esto sucede por varias razones: primero, porque el trabajo sobre sí mismo aumenta la autoconsciencia, segundo, porque completa al conjunto de capacidades que constituyen a una persona; y tercero, porque hace que la persona entre a un aspecto suyo más puro de sí mismo (un ego consciente).

---

[5] En cuanto a los Eneatipos, podríamos notar que los tipos primarios: Tres, Seis y Nueve no se alinean de la misma manera con este modelo del "centro ciego" como lo hacen los tipos secundarios. Para ellos, el centro descuidado es de alguna manera su base. La triada en la figura del Eneagrama que en la que se encuentran. Yo diría que el trabajo en estos casos es despertar al centro en cuestión, pero en un grado más elevado, se trata de conectar las funciones y el uso de este centro con las funciones y uso de los otros dos centros, ya que el problema es más una especie de compartimentalización que una cuestión de no verlo.

# Los centros en la espiritualidad y el crecimiento personal

Ya he mencionado muchas formas en que los centros entran en juego para nuestro crecimiento interior. Como muchas personas sabias lo habrán notado, nuestro trabajo no es tratar de convertirnos en algo, sino más bien de tomar conciencia de lo que ya somos y los tres centros son de suma importancia aquí. Descartar al centro instintivo por "animalístico" y, por lo tanto, irrelevante para las más altas dimensiones de la realidad humana o considerar al corazón demasiado blando para ser de utilidad real o la gran solución para todo, o de hecho, la insistencia de decir: "quítatelo de la cabeza" o apoyarte únicamente en tus capacidades cognitivas, *todo* apunta a un *doble* malentendido: que los centros a) son unilaterales y b) que necesitan ser controlados y gestionados.

Esto representa un círculo vicioso ya que el desbalance y los esfuerzos para controlarlos solo crean más desequilibrio, forzando material reprimido a encontrar otras salidas, en lugar de utilizar los canales conscientes. Y no favorece el crecimiento espiritual ni nada por el estilo. En mi opinión y experiencia, lo que fomenta el crecimiento es la conciencia amable y respetuosa y permitir lo que tiene que ser en este preciso momento; no discutir con ello, rehuirlo, negarlo ni tratar de manipularlo, solo estar presente con él. A partir de ahí, la vida te mostrará el camino.

## Dejar que la vida nos muestre el camino — un reencuentro con los centros

Si quieres explorar tus centros de inteligencia, la vida cotidiana es un buen lugar para comenzar. Nos encontramos constantemente en situaciones que desencadenan reacciones, patrones de pensamiento o sentimientos y a menudo, otras consecuencias que nos son familiares, pero menos agradables. Estas son de hecho buenas noticias, ya que las partes irritables e incomodas de nuestra experiencia, a menudo difíciles de pasar por alto una vez que comenzamos a buscarlas, se convierten para siempre en un buen material para trabajar.

## Usando "la carga"

La razón por la que estas partes de nuestra experiencia son tan útiles, es que tienen cierta "carga" importante.

Existe una acumulación energética de algún tipo; una energía que desencadena nuestra necesidad percibida de enfrentar la situación respondiendo, escapando, enterrándola "en chocolate", escribiendo una carta con enojo, golpeando a alguien en la cara, o cualquiera que sea el impulso. Mientras esa carga esté ahí; ya sea cuando te encuentres justo en el momento de la situación o que la recuerdes después, ésta puede ser de gran uso para el trabajo interior.

*Nuestro ego que busca ayudarnos nos promete mirar de cerca esto de la exploración interna, una vez que haya hecho algo para aliviar la incomodidad. Obviamente esto no ayuda, ya que neutralizar la carga no nos dejará nada con que trabajar.*

Sin embargo, ya que ésta carga normalmente ofrece un cierto grado de incomodidad, existe muy a menudo una necesidad urgente de neutralizarla a través de una de las "soluciones" mencionadas anteriormente o con algo similar. Nuestro ego, que busca "ayudarnos", nos promete mirar de cerca esto de la exploración interna una vez que haya hecho algo para aliviar la incomodidad. Obviamente esto no ayuda, ya que neutralizar la carga no nos dejará nada con qué trabajar; y esta es la razón por la que discutir este tipo de cosas desde un punto de vista meramente mental raramente es productivo. Lo que necesitamos hacer, en cambio, es explorar la energía, esta carga, y elegir hacer esto, puede en realidad, requerir de mucha autodisciplina.

El darte cuenta de un patrón o reacción o simplemente de algo que te llama la atención mientras te preparas un té o al ver televisión, te da la oportunidad de usar eso para tu crecimiento personal. (En realidad no importa si lo notas en el momento o te das cuenta después, mientras puedas reconectar con la experiencia al trabajar en ti). Observa tus sensaciones corporales, las emociones que resultan y los pensamientos que surgen. Puedes escoger un plazo de tiempo; la duración depende de ti, pero de 15 a 30 minutos es razonable para estar contigo mismo y poner tu atención en lo que está sucediendo dentro de ti.

## HAZ LA PRUEBA | **EXPLORA UN TEMA Y SU CARGA**

**Cuando notes que algo se dispara en ti,** deja de hacer lo que estás haciendo y siéntate solo. Si ésta no es una opción, trata de "guardar" la situación internamente hasta que tengas la oportunidad de estar solo y tomarte este tiempo. Si estás en medio de una situación y tu siguiente paso depende de esta exploración, puedes en la manera de lo posible, pedir volver a hablar con la persona en otro momento, o hacer lo que sea necesario para no tener que decidir o "reaccionar" en el momento.

**Cuando tengas la oportunidad de sentarte solo,** haz un inventario de lo que sucede dentro de ti. Específicamente lo que sucede en el cuerpo, en tus emociones y en tus pensamientos. Uno de estos hará seguramente más ruido que los otros, ahí es donde puedes comenzar.

- ¿CÓMO ESTÁ TU CUERPO? ¿Qué es lo que captas ya sea física o energéticamente? ¿Hay un "deseo", un impulso para moverse o una energía kinestésica, por ejemplo: calor/frío, presión, expansión, contracción o "dirección" de la energía dentro de ti? Lo que encuentras puede no tener sentido o sonar científicamente valido. Estás solo explorando.

*Si quieres explorar más la energía de tu cuerpo,* quédate en donde estás o párate y dale a esta energía más espacio. Si sientes una contracción en las vísceras, trata de exagerarlo un poco. Si te hace cosquillas, te quema o te agita en alguna parte del cuerpo o si tu cuerpo se quiere retorcer, déjalo. Si quieres girar hacia algún lado, hazlo. Y sigue así. El punto es no hacer movimientos repentinos, "sacar la energía" o "desahogarse", sino comunicarse con la energía del cuerpo dándole de manera consciente y deliberada más espacio para que se exprese.

- **¿QUÉ EMOCIONES SE DISPARAN?** ¿Te sientes enojado, ansioso, te resistes, te sientes triste, irritado, resignado, decepcionado, cerrado, frustrado o sientes cualquier otra emoción?

*Si quieres explorar más tus emociones* pon música apropiada para el estado de ánimo y deja que el cuerpo se mueva (o baile) con la música. De esta manera, "engatusarás" un poco la energía emocional y podrás tener acceso a más de lo relacionado con esto. Una vez más, la idea no es descargar o neutralizar la energía y "terminar con ella" sino más bien profundizar en ella.

- **¿QUÉ DICEN LOS PENSAMIENTOS?** ¿Ofrecen justificaciones por el actuar, (es decir ¿hacen algo para dejar de experimentar lo que sea que signifique para ti en esta situación?

*Si quieres explorar más tus pensamientos*, toma papel y lápiz y escribe los pensamientos que pasen más por tu mente. No te preocupes si suenan ilógicos o estúpidos, sólo escribe lo que se te ocurra sin pensar. Hacer esto, aunque después ya no lo uses para nada, puede ayudarte y darte claridad. Si aún quieres explorar más, puedes reflexionar sobre los pensamientos que escribiste y pregúntate si en verdad crees o estás de acuerdo con estos pensamientos. En caso de que no, ¿qué crees realmente o con qué estás de acuerdo? ¿Por qué crees que hay discrepancia?

Podrías si quieres utilizar una herramienta como la que propone Byron Katie: "El trabajo" que puedes encontrar en internet. (Puedes también reservar una sesión individual conmigo u otro terapeuta, coach o facilitador si te interesa ir más profundo en esta exploración)

**Si crees que has hecho suficiente exploración por ahora,** abstente de sacar más conclusiones de lo que acabas de experimentar, tratar de cambiar o solucionar algo. *Este es un paso importante* o no lo es. Hacer conclusiones, hacer planes etc. es solo otro intento de neutralizar la carga de la situación y si hay un impulso de hacerlo, probablemente significa que hay más ahí que descubrir. Intelectualmente puede parecer incompleto terminarlo aquí, pero trata por ahora, de hacerlo de todas maneras. Puedes regresar en cualquier momento y es muy probable tal vez encuentres razones para hacerlo. Pero incluso, aunque termines esta sesión de exploración, el proceso continuará en ti, sin que seas parte activa de él. El proceso se vuelve más suave y efectivo si no interferimos en él tratando de hacer que suceda algo específico.

No es necesario decir que existen múltiples maneras para trabajar con los centros, darte cuenta de cómo operan en tu interior y experimentar permitiéndoles tomar una posición más equilibrada. Esta exploración es solo un ejemplo de un ejercicio que puede adaptarse y expandirse para adecuarse a la situación en la que te encuentres.

Como hemos visto, todos los centros merecen igualmente nuestra atención de. Sin embargo, existen dos aspectos que hacen sobresalir al centro instintivo: En primer lugar; es el lugar donde están enterrados nuestros más profundos aspectos. En segundo lugar, desde el punto de vista del Eneagrama, nuestro tipo de personalidad nos dice cómo el ego puede distorsionar las energías del corazón y de la cabeza, respectivamente. Sin embargo, no ofrece lo mismo como guía para hacerlo con los instintos, así que necesitamos investigar esa parte por nosotros mismos.

¡Bienvenido al siguiente paso de nuestra exploración!

*Tus facetas* ~
Cicci Lyckow Bäckman

------------------------------------------------------------------------

# Parte II | "POSEÍDOS":

## *Los impulsos instintivos esclavizados por nuestro ego*

**En esta parte, aprenderás sobre:**

- ❖ La evolución de los instintos
- ❖ Para qué (y para qué no) sirve cada uno de los impulsos instintivos
- ❖ Las tres áreas de cada instinto
- ❖ Las expresiones equilibradas y desequilibradas de cada instinto
- ❖ El instinto ciego
- ❖ Cómo equilibrar tus instintos y crecer desde ahí.

*Tus facetas* ~
Cicci Lyckow Bäckman

--------------------------------------------------------------------------

# Las energías instintivas: algunos pensamientos de fondo

Las energías instintivas son algo que siempre me ha fascinado. Mientras los tipos de personalidad en sí pueden iluminar y explicar mucho de lo que está debajo de la superficie de cada uno de nosotros, los aspectos instintivos son por mucho lo más oscuro, visto desde la perspectiva del conocimiento y la mente. Y dado que están fuera del radar cognitivo, son desconocidos ya que no estamos acostumbrados a considerar al instinto como un factor en nuestro día a día. Y, debido a que conocer esto significa que los comportamientos de las personas (incluido el mío) cobran mucho más sentido, siempre he sido una fanática de este tema.

Sin embargo, en los primeros años me sentía confundida. Al buscar en la tipología y en la psicología popular en general y en la literatura del Eneagrama en particular, el tema de los instintos solo se describe como algo secundario, si acaso se menciona. Sin embargo, cuando escuché por primera vez que los impulsos instintivos desempeñaban un papel en nuestras personalidades, el Eneagrama era el único lugar en donde alguien hablaba de esto, al menos en un contexto laico. A pesar de que los instintos y nuestra manera de darles prioridad constituía una "tipología" en sí, siempre se presentaban como algo añadido al tipo, lo cual, como me di cuenta después, es normalmente un gran malentendido. Esto hizo que fuera difícil relacionar la información, y cuando finalmente pude hacerlo porque comenzó a hacerme sentido, la información todavía era superficial y no me ofrecía necesariamente mucho material con el que trabajar. Habiendo trabajado con personas durante muchos años en mis propios cursos de crecimiento personal, así como estudiando el Eneagrama y los centros de inteligencia, instintos incluidos, las cosas comenzaron a encajar. Entonces comencé a ver cómo funcionan los instintos y qué diferentes aspectos de ellos contribuyen a malentendidos comunes.

## *Desde la perspectiva del Eneagrama*

En los últimos años, los instintos se han convertido en un tema candente en los círculos del Eneagrama. Pareciera

haber dos maneras principales de ver nuestras preferencias instintivas: o bien las vemos como parte de
nuestro tipo de personalidad, asignándoles un "subtipo"
(que podría decirse que es la perspectiva de Claudio
Naranjo) o podemos verlos como impulsos biológicos que
existen antes que la personalidad (que sería una perspectiva derivada de George Gurdjeff). Ya que los impulsos
son claramente distinguibles en el reino animal y de
ninguna manera restringidos solo a los humanos. La
última perspectiva tiene para mi más sentido.

*Esto no quiere decir por supuesto que nuestro Eneatipo no
esté influenciado por nuestra preferencia instintiva,* ni que no
nos podamos beneficiar al trabajar con nuestro "subtipo"
(que incluye nuestro tipo de personalidad y nuestro
instinto dominante). Por ejemplo, los Tres de Adaptación, es decir, los Tres con un instinto de adaptación
dominante, tendrán más en común entre sí que con los
Tres de Atracción, es decir, los Tres con un instinto sexual
dominante, y así sucesivamente alrededor del círculo.
(Por supuesto que las personas con el mismo instinto
dominante suelen encontrar similitudes independientemente del tipo, al igual que las personas con el mismo
tipo tienen cosas en común independientemente del
instinto dominante). Y ya que nuestras preferencias instintivas impactarán en cómo se expresa nuestro tipo,
darnos cuenta de nuestras prioridades instintivas puede,
en ocasiones, arrojar luz acerca de nuestro tipo y posible-

mente explicar nuestras diferencias con otras personas del mismo tipo. Dicho esto, sumergirnos profundamente en la combinación del tipo y el instinto antes de comprender cualquiera de los dos, solo nublará nuestra compresión de ambas áreas y hará que tanto el modelo del Eneagrama como nuestro conocimiento de los instintos sean mucho menos útiles de lo que pudieran ser. En mi opinión, la claridad adicional que ofrece mirar los subtipos como una tipología en sí misma se contrarresta con la posibilidad de que las personas se tipifiquen a sí mismas incorrectamente, debido a una falta de profundidad al comprender los Eneatipos, los instintos o ambos.

Si nuestro propósito es el crecimiento interior, entonces tiene sentido aprender lo que *son* los instintos como tal, más allá de nuestro Eneatipo. Por esta razón, cuadra observar entonces sus funciones evolutivas, para qué fueron creadas y las premisas por las que se originaron. Ya que surgen solas, son, por supuesto más antiguas que el concepto de la personalidad, y aunque nuestro ego puede afectar la manera en que se expresan en nosotros, no cambia ni lo que son o cómo funcionan.

Una vez más, esto no quiere decir que la descripción de los subtipos no sirva. Sin embargo, sí necesitas saber tu instinto para identificarte con determinado Eneatipo y especialmente, si crees que este aspecto instintivo le quita rasgos o motivaciones que pueden hacerte dudar sobre ese tipo, entonces, mi consejo es dedicar más tiempo a familiarizarte de manera más profunda tanto con los Eneatipos como con los impulsos instintivos, por separado.

*Tus facetas* ~
Cicci Lyckow Bäckman

------------------------------------------------------------

# La base del instinto

Al hablar de los centros, vimos que el más primitivo de ellos, el centro visceral, es el hogar de los instintos bioló-gicos. Estos instintos son también llamados *impulsos* y eso nos da pistas de lo que son: impulsos biológicos programados que existen para movernos en una dirección que nos hace sentir seguros de sobrevivir como individuos y como especie. Esto se refiere a que nos movemos hacia lo que nos ayuda a florecer, y nos aleja de aquello que amenace nuestra existencia — y estamos destinados a hacerlo sin tener que apoyarnos en funciones emocionales o cognitivas superiores. Si consideramos el hecho de que los instintos son tan antiguos como la vida misma, es obvia la razón por la que fueron necesarias: por millones de años no hubo funcio-nes superiores, y las plantas y animales necesitaban formas de encontrar comida y refugio, y evitar a los pre-dadores y otras amenazas a su supervivencia. Así, los in-stintos evolucionaron.

*Los instintos son diferentes,
tanto en su propósito como en
su forma, de los pensamientos
y el razonamiento. Nosotros
no los "hacemos"; más
bien suceden.*

Esto significa que los instintos son diferentes, tanto en propósito como en forma, de los pensamientos y el razonamiento, No los "hacemos"; más bien *suceden* o, de hecho, "nos hacen". Durante la primera parte de nuestras vidas, el instinto es nuestra guía. Podemos aprender (algunas veces) a escoger si actuamos desde nuestros instintos impulsivos o no, pero los impulsos ya de por sí son automáticos. Hasta cierto punto están también mentalmente programados para *excluir* la elección consciente. Si algo pesado cae en el lugar en donde nos encontramos, no tenemos tiempo de ocuparnos de la anciana a la que empujaremos si nos movemos demasiado rápido hacia un lado; el instinto nos hace saltar hacia donde podamos. Si esto no fuera así, ninguna especie hubiera sobrevivido por mucho tiempo.

Así que, en su forma más básica, los instintos nos hacen ir hacia cosas que necesitamos o queremos — refugio, agua, una pareja, nuestra familia— y evita cosas que de manera directa o indirecta amenacen nuestra supervivencia como depredadores, objetos que se mueven con rapidez, elementos probablemente infestados de bacterias, otros humanos que parecen estar conspirando contra nosotros etc. Es más bien un sistema en blanco y negro: o lo hacemos o no. En los humanos de hoy, como veremos cuando lleguemos al capítulo de las zonas instintivas, los instintos biológicos parecen haber evolucionado, incluyendo opciones y fenómenos que no forman parte del cuadro de otras especies. Ya que estas opciones y fenómenos como tal existen muchas veces como cortesía de nuestras funciones del neocórtex, podríamos creer que los instintos como tal también han adoptado matices neocorticales. Sin embargo, *éste no es el caso;* sea cual sea la evolución de los otros centros, no ha afectado el *cableado* de nuestros instintos.

Otra cosa que merece la pena observar acerca de los instintos es que su "hogar", el centro visceral, contiene de hecho *tres centros*; uno para cada instinto. Esto significa que el centro visceral es extremadamente complejo y cualquier intento de explicarlo o capturar lo que significa cada instinto, es tan imposible como resumir todos los aspectos del corazón y la cabeza en un breve resumen. Como veremos más adelante, cada uno de ellos se relaciona con una multitud de aspectos diferentes, aunque estos aspectos caen en categorías claramente distinguibles (a saber, lo que simplemente llamamos "los instintos"). Así que ¿qué son entonces estas categorías? Y ¿son en realidad solo tres?

## Los tres conjuntos de impulsos instintivos

En los círculos del Eneagrama solemos hablar de tres diferentes impulsos biológicos. Llamarlos los "tres instintos" es ya un malentendido, aunque es algo que funciona mientras comprendamos que están ahí. El tema es que los humanos contamos con múltiples impulsos instintivos y maneras de adaptarnos, no solo tres. Sin embargo, todos ellos pueden acomodarse en tres conjuntos de impulsos instintivos; estos tres conjuntos son a lo que nos referimos al hablar de "tres instintos"

La razón por la que todavía funciona hablar de ellos como tres impulsos separados es que cada uno de los tres tiene un foco y un propósito específico. Evolutivamente, el desarrollo de cualquiera de los tres representa un evento claramente distinguible que corresponde a otro evento igualmente claro. Los instintos evolucionaron en enormes lapsos de tiempo y por razones muy diferentes. Esto afectó de manera sucesiva, la forma en que se relacionan entre ellos. Hablaremos de esto en la sección "Preferencias y cambios" en la página 179.

Los tres impulsos instintivos (o "los tres instintos") son: *supervivencia* instintiva, *atracción* instintiva y *reciprocidad* instintiva respectivamente; llamados también instintos de autoconservación, sexual y de adaptación[6] respectivamente. A mí estos nombres me hacen sentido, ya que representan un conjunto de impulsos que llegaron en un tiempo específico de la evolución respondiendo a necesidades que antes no existían. Diferentes profesores de Eneagrama que profundizaron en el tema han aportado varios nombres alternativos, que a veces son relevantes pero que yo a menudo encuentro parciales (como por ejemplo, nombrar sólo un aspecto de muchos otros en cierto instinto, llamando al instinto sexual "uno a uno") o completamente engañosos (como insinuar que el instinto engloba cosas que no son para nada necesariamente parte de él, como llamar al mismo instinto "de

---

[6] El nombre más común para este instinto es "instinto social" que yo misma he usado durante mucho tiempo y que sigo usando ocasionalmente ya que los viejos hábitos son difíciles de evitar. Sin embargo, me he dado cuenta de que el término *social* tiene muchas connotaciones engañosas y no ofrecen aclaraciones reales de cuál es el propósito original del instinto (como es el caso del *sexual)*. Por esta razón empecé a usar en su lugar, el término *adaptación*.

intimidad"). Así que me quedaré con estos nombres. Usaré también las abreviaciones ac, sx y ad en los casos en que aparezcan paréntesis.

## *Preferencias y zonas instintivas*

El uso de los instintos en la naturaleza es muy sencillo. Una manada de mamiferos, por ejemplo, comerá y dormirá (ac) y cuidará a la manada y sus cachorros (ad), hasta que llegue la temporada de apareamiento y despierte el instinto sexual, tomando el lugar prioritario por un periodo de tiempo, excluyendo muchos comportamientos que tienen que ver con los otros dos instintos. Al terminar la temporada de apareamiento, regresarán a las actividades de autoconservación y , cuando les es posible, a las del instinto de adaptación. En los humanos, la presencia del ego y la personalidad complican las cosas. Como suele suceder, cuando el ego se apropia de los temas biológicos para avanzar en su propia agenda, el equilibrio es lo primero que se pierde, por lo que tendemos a favorecer ciertos aspectos instintivos mientras descuidamos otros. Para complicar aún más las cosas, los humanos tenemos nuestra temporada de apareamiento ... ¡todo el año!

Casi todos los profesores están de acuerdo con que tendemos a darle prioridad a los impulsos instintivos de acuerdo con las preferencias personales, y como resultado, ponemos nuestra atención en una de las tres categorías, mientras descuidamos, o hasta reprimimos, otra. Esto significa que cada uno de nosotros tiene *preferencias insitintivas* específicas en donde podemos decir que se favorece a un *instinto dominante,* con la probabilidad de que usemos y recurramos a él más de lo que en realidad necesitamos porque lo disfrutamos, porque se siente como "nosotros" y porque sabemos como manejarlo. Cuando fallamos en dar prioridad a las cosas a las que debemos dar prioridad, es común que sea porque el instinto dominante ocupa más espacio del que le corresponde.

Existen un par de perspectivas diferentes acerca de lo que sucede con los otros dos instintos, aquellos que no son nuestro "favorito". Una observación es que cada uno de nosotros tenemos un *punto ciego,* el impulso instintivo que tendemos a descuidar, que sentimos que no somos buenos en eso, pensamos que es muy aburrido, y/o en el que nuestro super ego nos llama la atención por no ejecutarlo de la manera correcta. El tercer instinto —el que no es ni dominante ni ciego— se queda en el medio, ofreciendo habilidades que usamos cuando las necesitamos y generalmente no tenemos problema con él. Otra observación es que tenemos más conflicto con los otros dos instintos mientras descuidamos totalmente o no mostramos interés en el último. Hablaremos de las preferencias instintivas, los puntos ciegos y las relaciones internas más adelante en la sección "Preferencias y cambios" en la página 179.

## ¿Cuáles son las zonas?

Al tratarse de la expresión de estos impulsos humanos, lo primero que debemos comprender es que los instintos como tal tienen las mismas funciones en nosotros que en los animales. El instinto de autoconservación nos lleva a poner atención en nuestras necesidades físicas, el instinto sexual nos lleva a expandirnos en el mundo siguiendo lo que nos atrae y el instinto de adaptación se refiere a acoger y conectar con la descendencia, con los amigos y con el mundo, y responder de manera recíproca. Pero el segundo punto que es necesario entender ,y que es igualmente importante, es que ya que la vida humana es bastante compleja, los instintos en los humanos tienen expresiones más diversas que las que la mayoría de los animales poseen, y más para cada nuevo instinto. También, como lo mencioné anteriormente, tendemos a tener algunos prejuicios al tratarse de la manera en que damos prioridad a esos impulsos. Para ilustrar mejor esto: Russ Hudson, desarrolló el concepto de tres diferentes zonas para cada instinto, que abarcan varios aspectos o direcciónes de expresión del instinto. Al indagar en las zonas, podemos tal vez obtener una puntuación alta en una o dos zonas de un instinto, mien-

tras en el (los) que queda (n) se presenta considerablemente baja.

Como veremos, las zonas dentro de cada instinto
carecen de límites exactos, pero fluyen entre sí. La
manera en que cortamos el "pastel" de cada impulso
instintivo, con cuáles "rebanadas" o zonas nos identificamos, o incluso con cuántas, es en gran medida arbitra-
rio; el propósito de hacer esto es transmitir de qué trata
cada instinto. La noción parece haberse popularizado y
ahora otros profesores están incorporando subcategorías
en sus enseñanzas, "cortando su pastel" de manera algo
diferente. Sin embargo, es bueno recordar, que el punto
es determinar algunos aspectos de los instintos mismos.
Estos, por el contrario, *resultan* ser bastante diferentes
entre sí, como descubriremos en las siguientes secciones.

En teoría, las zonas hacen que la presunción de un
"conjunto instintivo", en donde damos prioridad a un
instinto a costa de los otros, suene rudimentaria. Pero, ya
que los límites entre las zonas son flexibles y más
arbitrarios, y los límites entre los instintos son bastante
discernibles, nuestras preferencias instintivas en general
son normalmente discernibles también. Dudo que haya
mucha gente que tenga una zona fuerte de cada instinto
igualmente alta y una zona débil de cada clasificación
igualmente baja.

*El instinto de autoconservación
nos lleva a poner atención a nuestras
necesidades físicas, el instinto sexual
nos lleva a expandirnos en el mundo
siguiendo lo que nos atrae y el instinto
de adaptación se trata de acoger y
conectar con la descendencia, con los
amigos y con el mundo y responder
de manera recíproca.*

Para la mayoría de la gente con la que he observado o discutido esto, un instinto sobresale como dominante, mientras otro se destaca con la misma fuerza como el punto ciego. En mi experiencia, cuando este no es el caso, es probable que sea debido a malas interpretaciones acerca de los instintos (o potencialmente a una pobre autoconciencia), lo que lleva a una mala lectura de la "puntuación personal". Incluso, entre más equilibrados estemos y las expresiones de nuestros instintos se hayan nivelado, nuestras preferencias son a menudo bastante discernibles, siendo el punto ciego normalmente el más difícil de afectar. (Más de esto se verá en la sección "Trabajando con los instintos" en la página 195.)

## Notas sobre el Eneagrama y las preferencias instintivas

Con relación a los tipos en el Eneagrama y las preferencias instintivas, según mi experiencia, es muy posible que cualquier tipo pueda tener preferencia por cualquiera de los instintos. Si hiciéramos un extenso estudio, sería difícil de encontrar que, por ejemplo, los Ocho son más dominantes en el instinto de adaptación, que los Cinco casi siempre son dominantes en autoconservación o que los Dos tienen más a menudo, el instinto de autoconservación como punto ciego. Sin embargo, en la literatura del Eneagrama —especialmente en sus orígenes— se puede tener fácilmente la impresión de que este es el caso. O peor aún, el autor ni siquiera mencionaría las variantes instintivas y en cambio, las descripciones de los tipos se inclinarían hacia un cierto instinto dominante o a un punto ciego particular. Solo puedo asumir que esto surgió porque el autor conocía personalmente a una o más personas del tipo en cuestión que mostraban estas preferencias particulares, y tal autor no estaba al tanto de los instintos en sí para ser capaz de separar los aspectos instintivos de los del tipo de personalidad. (Muchos autores han confirmado también que este era de hecho el caso de ellos cuando comenzaron, por la sencilla razón de que no se sabía mucho o no se había explorado de qué trataban los instintos). Espero y creo que, conforme esta familiaridad con las variantes instintivas crezca, los prejuicios instintivos inconscientes en las descripciones de los tipos desaparecerán.

Sin embargo, en lo que respecta a las zonas, creo que las cosas son un poco diferentes. Creo *firmemente* que existe una mayor posibilidad de que ciertos tipos, aunque sean más dominantes en, por ejemplo, el instinto de autoconservación, pondrán más énfasis y/o descuidarán una zona en particular más que las otras. Cuando me parezca que este es el caso, lo señalaré. Sin embargo, estas son solo reflexiones mías y no cuento con datos sólidos para sustentarlas.

# El instinto de autoconservación — supervivencia y cuidado

El instinto de autoconservación fue el primero en llegar en la escala evolutiva, y también es el primero en llegar a la vida del bebé (de hecho, está ahí desde el principio de los tiempos). Este instinto nos advierte sobre temas que tienen que ver con la homeostasis de nuestros cuerpos y se asegura de que nos encontremos lo más posible a salvo, seguros y cómodos. Crea, en cualquier organismo, la consciencia de sentir hambre, sed, frío, calor, etc. y nos lleva a ocuparnos de estos asuntos. Además, en algunas especies, nos hace obtener comida y dedicarnos a otros comportamientos previsores, más que en aquellos que nos conceden una gratificación instantánea. También nos hace buscar comodidad, por lo que conseguimos un refugio donde podamos llevar diversos objetos para equiparlo mejor y de esta manera, satisfacer nuestras necesidades.

*Es bastante obvio lo que el instinto de autoconservación hace por nosotros: Nos mantiene vivos. Sin él habríamos tenido que aprender y a recordar comer, a mantenernos calientes, a huir de los predadores u otras amenazas.*

Cuando se trata de la expresión de los impulsos de auto-conservación, debemos considerar que esta adaptación evolucionó sin ninguna competencia, por así decirlo. No existían otras áreas instintivas que clamaran por atención. Sobrevivir era la única prioridad. Esto significa que, dado que no existían otros dominios instintivos en ese momento, no existe un protocolo establecido sobre cómo manejarlo o incorporarlo. Debemos tomar esto en cuenta al analizar la expresión de estos impulsos instintivos en nosotros mismos.

## ¿Qué hace este instinto por nosotros hoy?

Es bastante obvio lo que este instinto hace por nosotros: nos mantiene vivos. Sin él, habríamos tenido que aprender —y a recordar— comer, mantenernos calientes, huir de los depredadores y otras amenazas. Obviamente, todos tenemos y usamos mucho este instinto a diario.

Sin embargo, si a este instinto no se le prestara mucha atención, nos costaría trabajo cuidarnos, olvidándonos de comer, de cuidar de manera correcta nuestro cuerpo, de cuidar nuestra casa, de contar con seguros, de pagar las cuentas y de ocuparnos de otros asuntos prácticos.

## Las tres zonas del instinto de conservación

En el mundo más complejo de la vida humana, el instinto adquiere expresiones más variadas, y las tres zonas del instinto de conservación son: *salud y bienestar, practicidad y recursos, y asuntos domésticos.* Al mirar de cerca podemos encontrar que de hecho en los animales también existen éstas tres zonas, pero normalmente no son tan elaboradas en sus expresiones como lo son en los humanos.

## Salud y bienestar

El nombre de esta zona se explica por sí solo: se refiere al cuerpo, sus necesidades y su estado de salud. Si esta zona es fuerte en alguien, es probable que se preocupe por temas como la nutrición, la hidratación, el ejercicio y asegurarse de dormir y descansar lo suficiente. Esta zona también ayudará a la gente a estar consciente de temas como la comodidad, las rutinas y mantener un status quo.

Sin embargo, es importante ver *qué* hay debajo de la punta del iceberg. Usándome como ejemplo, por mucho tiempo creí que tenía muy alta esta zona. Después de todo cuidaba mi cuerpo y lo que comía, ambos de manera regular por mi salud, y de manera más constante en busca de la satisfacción de mis antojos. No obstante, al mirar más detenidamente, me di cuenta de que las razones de todo esto en realidad estaban relacionadas en gran medida con otro instinto distinto al de super-vivencia. Como sucede con los Tipos del Eneagrama, nuestra motivación para hacer algo, normalmente habla más sobre nosotros que las mismas acciones.

Hay que tener en cuenta que un dominio alto en esta zona no necesariamente significa que seas extra-ordinariamente saludable. El dominio de la zona de salud y bienestar puede significar tanto que me cuido bien, como que me engancho a las dietas de moda, obsesionada con estar "saludable" sin tener las herramientas adecuadas y, de hecho, terminar, por ejemplo, privándome de nutrientes importantes. El hecho de estar concentrado de manera obsesiva en algo no nos brinda necesariamente la información correcta para tomar decisiones inteligentes. Es por esto por lo que el hecho de que dominemos mucho un instinto o zona no equivale de forma automática a que lo manejemos con eficacia.

## Practicidad y recursos

Esta siguiente zona del instinto de autoconservación tiene una naturaleza más anticipatoria y con un mayor grado de abstracción que la de la zona de salud y bienestar; me viene a la mente el término *gratificación retrasada*. Al mismo tiempo, sirve mucho, como su nombre lo indica, preocuparse por la practicidad.

Una expresión de esto que resulta obvia es la manera en que manejamos el dinero y las finanzas, y si, en nosotros, esta zona está más desarrollada, es probable que nos preocupemos por estas cosas. Otros recursos que podríamos ver como extensiones de esto son el tiempo y la energía personal, lo cual, si lo piensas, también son representaciones del dinero. Si esta zona es fuerte, el tiempo podría ser algo que respeto y normalmente seré más consciente que la gente en general, de mis propias fuentes de energía y de cómo manejarlas sabiamente, para que no se agoten.

Otro aspecto de esta zona es, como su nombre lo indica, es lo que podría llamarse *destreza práctica*. Existe a menudo una afinidad por asuntos prácticos y la gente que es fuerte en esta zona tiende a entender fácilmente la mecánica de las cosas y, a menudo, sienten curiosidad por ellas. También, habrá un mayor grado de vitalidad al lograr metas a largo plazo. Una vez más, es una manera de comprender la noción de gratificación retrasada.

## Asuntos domésticos

La zona de los asuntos domésticos se refiere a la vida hogareña y tiene que ver en primer lugar con la obligación de cuidarse a uno mismo, con usar nuestra casa como algo más que un techo sobre nuestras cabezas y un lugar en donde colocar nuestras cosas. Este sería la "guarida" cuando hablamos del reino animal, que en nuestro mundo humano tiene funciones y aspectos más complejos.

Uno de esos aspectos es la funcionalidad y estructura de nuestro hogar. Puede ser que nos guste lavar nuestra ropa de cierta manera o acomodar nuestros libros en orden alfabético (o por el color de la portada, como es el caso de una de mis amigas, que tiene una zona de asuntos domésticos fuerte). Puede ser también que disfrutemos ocuparnos de la casa, en asuntos como el mantenimiento o la limpieza. Aquí también, se destacan el tema de la seguridad y la protección, y la tendencia a tener en orden posesiones y cualquier cosa que se relacione con nuestros

126

asuntos y nuestra vida personal. El orden suele mostrarse, aunque no necesariamente en la parte física (dependerá en el aspecto estético que veremos más adelante); pero seguramente sabremos en dónde están nuestras cosas y cómo cuidarlas para que no se rompan, se pierdan o sean robadas.

Otro aspecto es la calidad de nuestra casa, o lo que podríamos llamar el factor "¡Qué bien! Estoy en casa". Al entrar en una casa, se puede saber cuándo este aspecto es fuerte en el dueño. Aun cuando no compartamos el gusto por la casa, será obvio que se puso mucho tesón en su interior. Dependiendo de las preferencias personales, el foco puede estar puesto en la estética, en hacerla acogedora y tranquila y/o en hacer que todo sea lo más cómodo posible, pero es un lugar para relajarse y cargar pilas. Esto significa, muy a menudo, que la casa será el lugar favorito para pasar un rato con los amigos. "Conoce mi casa y entonces me conocerás".

---

HAZ LA PRUEBA | **SUPERVIVENCIA Y CUIDADO INSTINTIVOS: EL INSTINTO DE AUTOCONSERVACIÓN**

Ya que estás familiarizado con las tres zonas del primer instinto. ¿Te suena familiar alguna de ellas? Date cuenta de que esto tiene que ver más con una "cuestión de niveles" que con un "todo o nada"; todos tenemos algo de cada una de las categorías instintivas, pero no tendrán la misma fuerza en nosotros en cada zona. Para el propósito de este ejercicio, elimina la idea de que careces completamente de uno de los instintos, te puedo garantizar que este no es el caso, y en cambio, siente mejor curiosidad por saber la manera en que te relacionas con cada zona en este instinto.

¿Es la comida, la nutrición, el ejercicio y tu estado físico en general importante para ti? ¿Eres consciente de cosas como dormir suficiente y descansar y sabes cómo relajarte después de un día estresante? ¿Das a estos temas un lugar significativo de tu atención y energía? Si es el caso, la zona de salud y bienestar puede ser una zona fuerte para ti.

¿Son cosas como el dinero, las finanzas, el tiempo, la planificación y la energía personal importantes para ti? ¿Eres una persona practica a la que le gusta averiguar cómo funcionan mecánicamente las cosas? (o ¿por qué no lo hacen?) ¿Es fácil para ti permanecer en algo porque ves el cuadro a largo plazo y te das cuenta de que, aunque te tome un poco de tiempo, lograrás hacerlo? Si, de hecho, estas cosas ocupan una parte significativa de tu atención y de tu energía, la zona de practicidad y recursos puede ser fuerte en ti.

¿Le pones mucha atención a tu casa? Su estructura y funciones, el protegerla (así como a ti mismo y lo que está dentro de ella). ¿Disfrutas hacerla acogedora o perfecta para satisfacer tus necesidades, crear un ambiente para desestresarte y/o relajado que te invite a estar en ella? ¿Es tu casa el lugar alrededor del cual gira tu vida y el que usas como punto de reunión para una salida y/o al que invitas a tus amigos? ¿Te gusta dedicarle tiempo al mantenimiento de tu casa y encuentras que te calma y/o disfrutas lavar platos, pasar la aspiradora o dedicar tiempo a otros quehaceres? Si estas cosas ocupan una parte significativa de tu atención y energías actuales, puede ser que la zona de asuntos domésticos sea fuerte en ti.

Si te identificas con las categorías de cada zona, las conoces, pero no son cosas que te quitan el sueño, es probable que la zona en cuestión esté para ti, en un grado intermedio de importancia. Y si algo dentro dice ¿Meh? y realmente no te preocupas o no piensas mucho en estas cosas, puede ser que esta zona este en el rango de tu punto ciego.

## Los tipos de personalidad, las zonas y el instinto de autoconservación

Al hablar de los tipos del Eneagrama y el instinto de auto-conservación, los tipos que me vienen a la mente son

Cuatro y Ocho. Mi hipótesis es que parecería que el "Cuatro Autoconservación" tendría más probabilidades de ser fuerte en la zona de asuntos domésticos que en las otras dos zonas. Mientras que el "Ocho Autoconservación" es más probable que sea menos fuerte en los temas de salud y bienestar. (Hay que mencionar que "más/menos probable" significa solo eso y no que esta sea una regla sin excepciones).

Me doy cuenta también del malentendido potencial de que el Dos de autoconservación no sea usualmente considerado fuerte en la zona de salud y bienestar, por la tendencia del Dos a poner su foco de atención en otras personas más que en ellos mismos. Algunas veces, esta combinación se refiere también al contratipo, en donde la dirección de la atención de la zona chocaría con la de la personalidad. Sin embargo, cuando el Dos promedio le da importancia a la zona de salud y bienestar, pone su mirada también en otras personas que están totalmente en sincronía con el resto de los rasgos de este tipo de personalidad. Esto significa que le puede dar mucha importancia, aunque no podamos detectarlo al mirar como éste Dos maneja los asuntos relacionados con su salud y bienestar.

Como lo mencioné anteriormente, en cuanto a las descripciones generales del tipo, algunos escritores han tenido la tendencia a inclinar la descripción de un cierto tipo hacia el dominio en un cierto instinto. El Cinco es un ejemplo de un tipo que ha sido normalmente descrito como innatamente dominante en la autoconservación. Sin embargo, éste no es el caso; los Cinco cuentan con toda clase de prioridades instintivas, al igual que el resto de los Tipos del Eneagrama. De igual manera, algunas descripciones retratan a los Siete como temerarios que desafían a la muerte y que carecen por completo de instinto de autoconservación, lo que es igualmente engañoso.

*Tus facetas* ~
Cicci Lyckow Bäckman

--------------------------------------------------------------------

El instinto sexual —
atracción y expansión

# El instinto sexual — atracción y expansión

El instinto sexual fue el segundo en llegar al escenario evolutivo, y también es el segundo en aparecer en el niño. Sé que algunas personas querrán debatir sobre esto último, argumentando que los niños pequeños son conscientes y están conectados con sus madres, las cuales serían cualidades que encontramos en el instinto de adaptación. Algunos pueden señalar, tal vez indignados, que la *sexualidad* no entra en la ecuación hasta mucho más tarde. Sin embargo, en relación con el primer argumento, estas cualidades en el niño no son ni recíprocas, ni siquiera tienen que ver con el *otro* (mientras que, en el instinto de adaptación y sus zonas, todo tiene que ver con la *reciprocidad)*. El niño pequeño no diferencia entre él mismo y su mamá como lo haría un niño mayor, más bien experimenta todo como un gran "yo", haciendo que estos comportamientos y cualidades formen parte del instinto de autoconservación. Además, respecto a la segunda objeción, el instinto sexual no se refiere solo a la sexualidad, sino más bien a la propia extensión en el mundo, renunciando de manera temporal a la seguridad, en favor de la aventura y la exploración, por así decirlo — y muchos de estos aspectos surgen a edad muy temprana.

Evolutivamente, el instinto sexual surge cuando los organismos comienzan a procrear mediante el sexo en lugar de arreglárselas ellos solos, auto dividiéndose. Mientras la división de células idénticas fue el medio de selección para la propagación de las especies, la única esperanza para que hubiera variación era mediante una mutación aleatoria. Sin embargo, esperar a que las mutaciones sucedieran de manera espontánea signifi-caba una evolución tremendamente lenta, así que la madre naturaleza ideó otra manera: combinar células individuales y así dar origen a una descendencia, cuya variedad genética dependiera de sus padres. De esta manera, las variaciones exitosas sobrevivirían más tiempo, aumentando su oportunidad de multiplicarse; la naturaleza estableció una mercancía que se auto perpetuara y refinara constantemente.

Fue así como se introdujeron los conceptos de elección y competencia. Al llegar la hora de salir y multiplicarse, el instinto de buscar refugio y comida no fue suficiente; se necesitó un segundo instinto para que estas especies estuvieran dispuestas a dejar de lado las prioridades de la autoconservación por un tiempo. El instinto que evolucionó tiene que ver con la misma excitación que caracteriza a los animales en la época de apareamiento; una carga, un intenso interés. Esto se puede referir a sumergirse totalmente en algo y poner en eso un compromiso total, comprometerse en actividades que involucren riesgo y aventura, o querer despertar el interés de otros transmitiendo tu esplendor, energía y "vibra" por todas partes. Se trata de cierto estado de excitación. Claro que esta excitación puede ser de naturaleza sexual también, pero no necesariamente (o, en realidad, ni siquiera en su mayoría, sino aquellos de nosotros que tenemos el instinto sexual dominante estaríamos teniendo sexo las 24 horas del día). Tiene intensidad; una cualidad de "todo o nada", y las palabras "vida" y "muerte" parecen ser parte de esta combinación.

La llegada del instinto sexual se diferencia en muchos aspectos de la llegada del instinto de autoconservación. Mientras que los impulsos de la supervivencia instintiva se forjaron sin ningún otro impulso instintivo con el cual relacionarse, las circunstancias alrededor del surgimiento del instinto sexual fueron muy diferentes. Para ser clara, el instinto sexual nació como un antídoto temporal contra el instinto de autoconservación. Tuvo que poner a la autoconservación a un lado; de otra manera, la necesidad de seguridad seguiría prohibiendo casi todas las actividades relacionadas con la reproducción y la expansión. Esto significa que el primero y

135

segundo instintos tienen premisas muy diferentes, que por supuesto afectan la manera de experimentarlos y expresarlos en nuestras vidas.

Creo que bastantes personas que inicialmente se identifican como dominantes en el instinto sexual, realmente no lo son. A veces, alguien puede argumentar que sí lo es, tratando de demostrarlo al decir cuánto desean las cosas que menciono más abajo como expresiones de este instinto, o, claro, cuánto anhelan una pareja, un malentendido del que hablaremos más adelante. Obviamente, cualquiera, sin importar su instinto dominante, puede querer cualquiera de estas cosas en un momento u otro, pero la palabra que me hace dudar es "anhelo". El instinto sexual no está realmente relacionado con anhelar. En todo caso, se trata de un "ansia", querer algo con un cierto grado de urgencia, que puede ser sutil, pero sin embargo está ahí. Claro que diferentes personas pueden usar las palabras de una manera ligeramente distinta. Sin embargo, me parece que, para explicar el instinto sexual, esta distinción puede ayudar.

*El instinto sexual no se trata
realmente de anhelo. En todo caso,
se trata de ansias; querer algo con
cierto grado de urgencia, que puede
ser sutil, pero de todos modos existe.
Es un cierto estado de excitación.
Por supuesto, esta excitación puede
ser de naturaleza sexual, pero
no **necesariamente**.*

## ¿Qué hace por nosotros este instinto hoy?

La función central de este instinto para la raza humana
es obvia: mantenernos como especie. Pero, además, ya
que nuestra procreación necesita competencia, atracción
y elección activa, introduce la variedad genética y, por lo
tanto, la evolución. Y no es solamente que el instinto
sexual contribuya a la evolución de las especies. Incluso,
como individuos necesitamos el instinto sexual para

137

crecer y evolucionar más allá de lo que está programado en nuestros genes.

Al nacer los bebés humanos, llegan con una pre-programación avanzada. Continuamos desarrollándonos fuera del útero, con la ayuda de las tres categorías instintivas. A menos que existan serios bloqueos en el desarrollo, aprendemos a relacionarnos, caminar, hablar etc., debido al desarrollo natural y, en gran medida, a nuestros instintos innatos. Al crecer vamos desarrollándonos y evolucionando. Sin embargo, en algún punto el desarrollo natural preprogramado y los cambios terminan. Desde el punto de vista de la naturaleza, en este punto somos considerados un producto terminado, hemos aprendido lo que biológicamente estábamos predispuestos a aprender, y ahora estamos completamente equipados para vivir nuestras vidas. Pero incluso como adultos jóvenes, es decir, en nuestros veintes, por, lo general existen muchas cosas que compiten para ganar nuestra atención y es común que nos inclinemos a seguir cambiando por nuestra propia voluntad durante un tiempo.

Sin embargo, una vez que llegamos a una etapa más estable, sea lo que sea que eso signifique para cada uno de nosotros, necesitamos *escoger* de manera progresiva el crecimiento psicológico de forma activa para que ese crecimiento siga sucediendo. En este punto, algunos de nosotros nos involucramos en lo que podríamos llamar trabajo interior o desarrollo personal, ya sea como una práctica formal o en nuestro enfoque general hacia la vida, desde donde podemos explorar nuestras heridas internas, nuestras creencias, valores o el camino que hemos escogido. *Esto requiere que salgamos de nuestra zona de confort,* y que estemos preparados para hacerlo, para aventurarnos, y que tomemos riesgos personales, todo esto corresponde al instinto sexual. Más allá de la procreación, este instinto nos lleva a la expansión, a explorar y a ir más allá en el mundo. Esto incluye también el reino espiritual, en donde nos aventuramos más allá de la personalidad que surge del ego y encontramos y/o buscamos una unión espiritual con Dios, un poder superior, el universo o como prefiramos llamarlo. Sin el instinto sexual, estaríamos más inclinados a ir a lo seguro y no desarrollarnos más allá de lo que se encuentra ya programado en nuestro currículo biológico.

Una vez más, igual que con la autoconservación, nadie carece de este instinto. Todos lo tenemos, aunque podemos usarlo de diferentes maneras y grados. Si es relativamente débil en nosotros, puede ser que no nos aventuremos con gusto fuera de nuestro espacio seguro para descubrir algo nuevo, y puede ser que no queramos abandonar nuestra zona de confort buscando lo desconocido.

## *Las tres zonas del instinto sexual*

Los nombres que he escogido para las tres zonas del instinto sexual son *magnetismo, exploración y fusión*. Aquí las dos primeras se centran en cosas que son esenciales respecto a la razón por la que fue creado este instinto, mientras que la última caracteriza un propósito más amplio.

### Magnetismo

Esta zona se trata exactamente de lo que dice la palabra: un cierto tirón y ser consciente de lo que te atrae, así como la manera en que atraes a los demás. Si tienes aquí una puntuación alta, es probable que seas alguien que no pasa desapercibido y que te das cuenta de que llamas la atención — además de ser *consciente* de la posibilidad de llamar la atención, aunque en el momento no estés presente. Por esta razón, es muy probable que te fijes en lo que te pones cuando sales de tu casa (o cuando alguien te visita). No es que necesariamente busques el mejor vestuario, pero cualquier cosa que hayas escogido, seguramente lo habrás hecho de manera deliberada.

De este modo eres consciente de lo que te atrae, así como de ir tras ello, muy posiblemente de una manera más intensa de lo que es conveniente para ti en orden de importancia. Finalmente, podríamos encontrar aquí cierta competitividad. No se trata, sobre todo, de la

necesidad de competir contra otros y romper récords;
puedes competir con la persona que está en el carril
contiguo en la autopista, o en la piscina, sin que ellos se
den cuenta de ello. El deseo de conquistar llega de
manera natural, aun en contextos puramente rutinarios,
donde no elegirías necesariamente actuar desde este
impulso.

### Exploración

Esta zona se trata de cuando algo *te despierta*: acciona un
interruptor que te alerta de que está sucediendo algo que
te puede interesar (o algo que merece *toda* tu atención).
Estás "encendido", no escondido al "acecho" como en la
primera zona, sino con el piloto automático activado,
listo para despegar. Aquí, lo que queremos es explorar y
experimentar cosas; ir más allá en el mundo de maneras
diferentes. Disfrutamos esta carga de energía que nos
sacude y despierta nuestro sistema nervioso como
respuesta a algo: nos sentimos vivos. Esto significa
esencialmente el aspecto de "atreverse" del instinto
sexual; una de las energías que nos saca del estatus quo y
nos compele a seguir lo que nos emociona, más que ir a
lo seguro. Por supuesto, a veces no hay nada amenazante
en esto, por lo que no siempre la "emoción" tiene que
implicar un riesgo.

Sin embargo, puede ser que disfrutemos del elemento
riesgo (como sea que lo definamos; puede ser físico o no).

Nos gusta la sensación de desafío, tener el pulso ligeramente acelerado, y podríamos llegar a sentir que quedarnos en nuestra zona de confort por cierto período de tiempo equivale a morir lentamente. Las personas con un puntaje alto en esta zona también disfrutan de estar intensamente concentrados), teniendo la cantidad justa de desafío o de superar nuestras capacidades, siendo también conscientes del *momento justo*: cuándo frenarnos y cuándo darlo todo.

## Fusión

La zona de fusión se refiere a la totalidad, a la pasión y al involucramiento. Claro que esto depende de cómo definimos "pasión", cualquier persona puede tener pasión por algo; pero al leerlo en el contexto de esta zona, la pasión es más bien el evento principal y tiene cierta intensidad radiante. Alguien que mire desde fuera la pasión, claro que puede ver que está enfocada en algo, pero puede así mismo notar la *energía* o la pasión como tal. Aquí ponemos nuestra atención y nos involucramos completamente. Podemos disfrutar expresamente el sentimiento de la disolución de los límites, perdiéndonos en algo (o alguien). La gente que tiene alta la zona de fusión necesita intensamente el sentimiento de poner toda su energía en algo que lo haga sentir vivo. Muchas personas que pueden decir que pierden la noción del tiempo al estar escribiendo un ensayo, o escuchando una melodía, mirando la naturaleza o sumergiéndose en un tema; se han identificado frecuentemente como los que se "fusionan".

Considero que existe mucha confusión en esta zona con respecto al instinto sexual, en donde mucha gente (incluidos profesores importantes) argumentan que se trata de intimidad emocional o de encontrar una pareja de vida.

Esto puede estar equivocado o puede ser algo engañoso. En primer lugar, nos podemos fusionar con toda clase de cosas, sin que sean otras personas y que no tienen emociones; como la naturaleza, la música o la comida. Se trata de *convertirse en uno*, que obviamente no es lo mismo que relacionarse ya que esto involucra a dos partes. Y en segundo lugar, la fusión en relación con otra persona, por supuesto, puede parecer intimidad emocional (especialmente si involucra emociones intensas; después de todo estas cosas ocurren raramente de manera aislada). Pero la carga distintiva y la urgencia del instinto sexual es un tema instintivo, así como "visceral"; mientras que la intimidad emocional no lo es. Hablaremos de ello más adelante en la sección "Confusiones y Malentendidos" en la página 165.

## HAZ LA PRUEBA | **ATRACCIÓN Y EXPANSIÓN INSTINTIVAS: EL INSTINTO SEXUAL**

Ahora que te has familiarizado con las tres zonas de este segundo instinto. ¿Te ha sonado familiar alguna de ellas? Date cuenta de que es una "cuestión de matices" más que de "blanco y negro"; todos tenemos algo de cada una de las categorías instintivas, pero no es probable que dominen de la misma manera en la misma zona. Para el propósito de esta exploración, haz a un lado la noción de que careces de alguno de los instintos (puedo garantizarte que este no es el caso) y en lugar de esto, fíjate como te relacionas con cada zona de este instinto.

¿Es importante para ti el cómo te ves y la energía que transmites? ¿Tienes cierto carisma que hace que la gente te note en un grupo? ¿Sabes generalmente qué te atrae y qué no, y tiendes a seguir lo que te atrae? ¿Es fácil para ti ver que hay un cierto grado de competencia en la mayoría de las cosas que haces, especialmente actividades físicas, que no tienen que ver intrínsecamente con ganar? Si estas cosas consumen una parte importante de tu atención y energía, la zona de magnetismo puede ser fuerte en ti.

¿Son importantes para ti, actividades como explorar, la aventura o la necesidad de adrenalina, y evitas caer en la rutina? ¿Te hace feliz tomar riesgos, hacer cosas que te aceleren el pulso o adentrarse en lo desconocido? ¿Te hace sentir vivo tener un reto que vencer? ¿Resuenas con

144

despertar la "activación" del sistema nervioso, que estimule tus intereses y disfrutas este sentimiento? Si es el caso, la zona de exploración puede ser fuerte en ti.

¿Te gusta poner toda tu atención en una cosa, involucrarte con todo tu ser y poner tu energía en lo que estás haciendo? ¿Te atrae el sentimiento de perderte en la música o en lo que estés haciendo, o en otra persona? ¿Tiene para ti el elemento pasión, entendido como un compromiso apasionado, un componente físico/energético y es importante para ti sentirlo de manera regular?

¿Te relacionas con palabras como" ansia" y" urgencia" en relación con estas cosas, más que con palabras más suaves como "anhelo" o "sueño"? Si ese es el caso, entonces la zona de fusión puede ser fuerte en ti.

—

Si te identificas con las categorías de cada zona, las conoces, pero no son cosas que te quitan el sueño, es probable que la zona en cuestión esté para ti, en un grado intermedio de importancia. Y si algo dentro dice ¿Meh? y realmente no te preocupas o no piensas mucho en estas cosas, puede ser que esta zona este en el rango de tu punto ciego.

## Los tipos de personalidad, las zonas y el instinto sexual

Al hablar de los tipos del Eneagrama y el instinto sexual, el tipo que me viene a la mente es el Nueve. Creo que el Nueve sexual estará menos inclinado a tener la zona de exploración alta, posiblemente por la sencilla razón de que la personalidad Nueve tiene una especie de resistencia incorporada a ser afectado por su entorno, y se sienten muy a gusto con la comodidad.

Cuando se habla del Nueve, es muy común que se lo retrate con la palabra *fusionarse*. Aunque creo que la zona en donde el Nueve tiene el nivel más alto es la zona de fusión, es importante mencionar que todavía estamos hablando de lo dominante en el instinto sexual. Los Nueve con instinto de autoconservación o instinto de adaptación dominante no son necesariamente personas a quienes les encante fusionarse (por la misma razón, disfrutan su autonomía).

Yo creo que la razón por la que el Nueve sexual tiene un puntaje alto en la zona de fusión, es que el Nueve en el fondo se refiere a la unidad y esto se manifiesta de diferentes maneras, al descender en los niveles de desarrollo. Sin embargo, de la misma manera, existe aquí un conflicto de intereses, ya que el Nueve típicamente tiene una fuerte preferencia por la autonomía, que pavimenta el camino a la ambivalencia interna en

El instinto sexual —
atracción y expansión

---

individuos que son fuertes en la zona de fusión. Sin embargo, ya que no nos estamos enfocando especialmente en el tipo, lo dejaré aquí.

Tengo también un comentario acerca del Ocho, igual que lo hice antes con el Cinco, respecto al instinto de autoconservación. Creo que la descripción del Ocho tiende tradicionalmente a favorecer el dominio de la adaptación e instintos de autoconservación, haciendo que el Ocho cuyo instinto sexual sea el prioritario, sobresalga (aparentemente) de la norma; especialmente, tal vez, si se trata de mujeres, dado que en las descripciones del tipo suelen usarse un lenguaje y características que son considerados masculinos. Sin embargo, creo también que esto está cambiando.

*Tus facetas ~*
Cicci Lyckow Bäckman

---------------------------------------------------------------

# El instinto de adaptación — las relaciones y la reciprocidad

Si el instinto sexual es el que menos se comprende, el instinto de adaptación, muchas veces llamado "social", lo sigue de muy cerca. Sin embargo, siento que los malentendidos aquí son de naturaleza diferente. Con el instinto sexual, la base del malentendido es que la gente lo mezcla con aspectos no instintivos, es decir, temas del centro emocional. Irónicamente, los malentendidos acerca del instinto de adaptación es que la gente entiende más fácilmente cual es la idea general, pero luego le dan un alcance demasiado estrecho, ignorando ciertos aspectos y atribuyéndolos al corazón y en algunos casos incluso al instinto sexual. La mayoría de las descripciones genéricas del instinto de adaptación cubren aspectos como fiestas, las redes, las organizaciones y una preferencia hacia las actividades en grupo. Pero estos fenómenos, como podemos ver, representan, en el mejor de los casos, una sola zona (incluso, solo algunas partes de la misma) del instinto de adaptación. Muchas descripciones, además, hacen que parezca como que no existieran los "introvertidos" en el instinto de adaptación, pero por supuesto que existen.

El instinto de adaptación fue el último de los tres en evolucionar. Por mucho tiempo, el reino animal se las arregló bastante bien con el primer y segundo instintos alternativamente, básicamente anulándose entre sí, momentáneamente o por cortos periodos de tiempo. Pero en algún punto, los organismos comenzaron a ser demasiado sofisticados para salir del cascarón o nacer completamente desarrollados. Evolucionaron características más avanzadas que requirieron más tiempo para desarrollarse, por lo que se hizo imposible que la nueva vida alojada en el vientre o en el huevo, en proceso de desarrollo, tuviera el tiempo suficiente como para que emergiera completamente equipado. Ante esto, los padres tuvieron que comenzar a cuidar a sus crías después de nacer o de salir del cascarón hasta que pudieran sobrevivir por sí mismos. A raíz de esto, si la descendencia hubiese sido abandonada antes de ese periodo de tiempo, las especies no habrían podido sostener el desarrollo de esas funciones más avanzadas.

Así que evolutivamente, el primer y más básico propósito del instinto de adaptación fue cuidar a su descendencia hasta que los bebés pudieran cuidarse por sí mismos. Esto implica nuestra habilidad para leer señales y detectar cosas como angustia, hambre, dolor o bienestar sin que la otra parte tenga que decirnos lo qué está sucediendo. Como padre o cuidador, necesitas adaptarte para ayudar a tu especie a sobrevivir. En especies que no son gregarias, hasta aquí llega este instinto. En otras especies va más allá, y en su escala expansiva, ayuda a las manadas y a los grupos a coexistir y a estar ahí para ayudarse entre ellos. En las especies en donde este instinto de adaptación expandido está presente, un individuo que se encuentra aislado por largos periodos de tiempo, sufrirá y a largo plazo, posiblemente no sobrevivirá.

Esto hace al instinto de adaptación el primer instinto genuino del *"nosotros"*. El de autoconservación trata obviamente sobre *mí*.[7] A primera vista, sin embargo, podemos pensar que el instinto sexual es recíproco; pero rascando un poquito la superficie, se ve que no es el caso.

---

[7] Esto no significa que no podamos incluir a otros en este "yo" de auto-conservación, como cuando compartimos una casa o las finanzas con alguien. Tampoco significa que las personas fuertes en este instinto sean más egoístas que otras. Pero el instinto de autoconservación en sí mismo evolucionó para el "yo", en lugar de para el "nosotros", y cuando realmente incluimos y cuidamos a los demás, esto es una expresión del instinto de adaptación (independientemente de las áreas en las que aparezca la inclusión).

El aspecto de *expansión* del instinto sexual a veces hace que parezca que hay reciprocidad aquí (como cuando me "expando" al fusionarme con alguien que quiero), pero como lo vimos en la sección del instinto sexual, esto no es realmente lo que sucede; es *una extensión* de mí más que un "relacionarnos los dos". El instinto de adaptación, en contraste, se refiere a *todo* lo relacionado con reciprocidad. Para que yo esté bien, tú tienes que estar bien, ambos *necesitamos* estar bien. Como veremos, este "tú" puede ser cualquier cosa desde mi descendencia o mis amigos y familiares hasta la sociedad como un todo. Pero siempre *hay* un "tú" y por lo tanto un "nosotros" en el cuadro que pinta el instinto de adaptación.

Al igual que los otros dos instintos anteriores, este también cuenta con una posición única. Mientras que los otros dos instintos centrados en el "yo" funcionan en oposición, uno de los propósitos del instinto de adaptación es asegurarse de que ninguna de estas dos funciones altamente especializadas asuman el control por completo y perturben el bien común: el bien del "nosotros": la familia cercana, la tribu, la nación, la humanidad o la existencia en su totalidad.

## *¿Qué hace por nosotros este instinto hoy?*

Mencioné previamente que la función más básica del instinto de adaptación es cuidar a los bebés: alimentarlos, nutrirlos y enseñar a nuestros pequeños para que puedan seguir desarrollándose hasta convertirse en adultos y eventualmente manejarse por sí mismos. Pero obviamente esto es solo una parte de ello. Como descubriremos en las zonas, el instinto de adaptación ayuda también a construir y sostener tanto las relaciones cercanas como a comunidades grandes. Ya sea que observes un hormiguero, o por supuesto cualquier reunión familiar con toda la familia extendida presente, verás esta parte del instinto de adaptación en acción.

Si bien el instinto de autoconservación asegura que vivamos para ver otro día, y el instinto sexual introduce variación genética y nos empuja a desafiarnos a nosotros mismos de diferentes maneras, sin el instinto de adaptación, la sociedad no se vería como lo hace en absoluto. De hecho, la "sociedad" en sí misma es una muy clara expresión de este mismo impulso.

La adaptación instintiva nos ayuda a relacionarnos, a cuidarnos y a ser empáticos, y da lugar al concepto de altruismo: el llamado a hacer algo no porque sea bueno para *mí*, sino porque ayudará a alguien más, a quien tal vez nunca conozca, pero porque va a "ayudarnos". Ya sea a pequeña o gran escala es fácil también cuán inmensamente importante que es este instinto para hacernos humanos y crear el mundo en el que vivimos (para bien o para mal).

*El instinto de adaptación es el
único instinto genuino que se refiere
a "nosotros". Nos ayuda a relacionarnos entre nosotros, a que nos
importen los demás y a ser empáticos
con otros e introduce el concepto de
altruismo: el llamado a hacer algo, no
porque sea bueno para mi sino
porque va a "ayudarnos".*

Como el nombre lo dice, este instinto tiene que ver con la adaptación. Si es relativamente débil, podría significar que tenemos problemas para adaptarnos a los demás y al contexto en el que nos encontramos; no porque seamos tercos o rebeldes, sino porque no es fácil para nosotros interpretar correctamente lo que podríamos querer o necesitar para adaptarnos a ello. Podría ser que nos cueste trabajo el conocer e interactuar con gente nueva y/o estar en contacto con los que ya conocemos. Además, es posible que no nos identifiquemos fácilmente con un "todo" más grande, y batallemos para encontrar el sentido de pertenencia.

## Las tres zonas del instinto de adaptación

Los nombres que he escogido para las tres zonas del instinto de adaptación son: *leer a la gente, vinculación y afiliación y participación y contribución.*

### Leer a la gente

En esta zona somos fuertemente conscientes de los demás y de lo que sucede con ellos. Empatizar y preocuparse por otros es una parte importante de ello. Además, percibimos si el otro se siente triste, feliz o simplemente sin ganas de nada; mucho de esto es a través de las expresiones faciales, pero también a través de temas como el lenguaje corporal y las acciones. Mi teoría personal es que la gente que no "recuerda las caras" (por ejemplo: por no tener memoria facial y que le cueste trabajo visualizar cómo luce la gente) puede estar un poco por debajo del promedio; y posiblemente aún por debajo de lo que debería en esta zona. Personalmente, en mi caso, que en el mejor de los casos soy alguien con memoria facial mediocre (reconozco a la gente que conozco, pero no recordaré a alguien que vi una o dos veces y que no significó mucho para mí y no soy muy sensitiva a los cambios en la cara de la gente si no los

155

conozco desde antes) fue solo después de aprender acerca de estas zonas que me di cuenta de que soy mucho mejor en esta forma de lectura de lo que pensaba anteriormente. Solo tenía que buscar pistas en otra parte de mi experiencia.

Una de las partes de la experiencia es captar lo dicho "entre líneas" y no simplemente tomar las cosas que la gente dice al pie de la letra. Y como el instinto de adaptación como un todo, se refiere justamente a la adaptación, otro aspecto más de la misma zona también sería adaptar espontáneamente nuestro comportamiento a lo que registramos en nuestra lectura del otro. Esto aplica tanto en contextos pequeños como a gran escala. Si somos fuertes en esta zona, de forma natural nos armonizaremos y adaptaremos nuestro comportamiento al cruzarnos con alguien en un espacio emocional o estado de ánimo diferente al nuestro. Podremos también adaptarnos fácilmente a nuevos conjuntos de "reglas sociales", como comportamientos en una familia nueva, una subcultura o incluso otro país en donde los códigos sociales sean radicalmente diferentes a los que estamos acostumbrados. Nos resulta natural adaptarnos.

## Vínculos y afiliaciones

Esta zona se refiere a las relaciones que construimos a corto o largo plazo. Una zona fuerte en vínculos y afiliaciones significa que me gusta establecer nuevas relaciones y lo hago con frecuencia. Mientras que alguien que enfatiza la zona de magnetismo del instinto sexual puede sentirse atraído por ciertos individuos, en esta zona del instinto de navegación uno se siente completamente atraído hacia *la gente*. Punto. Disfruto hacer nuevas amistades y encuentro gratificante conocer a gente muy diferente. Por lo general, también soy experto en mantener las relaciones que inicio, y cuento con un círculo de amigos y conocidos grande que siguen siendo contactos cercanos y a quienes no dudaría en llamar si pensara que pueden ayudarme.

Una de las razones por la que me surge de manera natural establecer nuevas relaciones en esta zona, es probablemente que también soy buena comunicando (incluyendo el quedarme callada cuando es necesario para tener una buena comunicación), e instintivamente sé cómo comunicarme de manera diferente con distintas personas. Aquí están también incluidas las cosas como la reciprocidad y el dar y recibir, y soy buena en la cooperación y me gusta hacerlo. Es común que ofrezca y reciba favores, y cuando necesito cobrar alguno de ellos, lo hago sin dudar, dado que aprecio la calidad equitativa en este intercambio y el sentido de comunidad que se construye. Además, puede ser que me guste jugar, y es probable que haga que la alegría y las interacciones divertidas sean algo habitual en mi vida.

## Participación y contribución

La última zona del instinto de adaptación se refiere a ser un individuo en un contexto más amplio. Si soy fuerte en participación y contribución, puede ser que la cuestión de la *participación* surja de manera regular en mi vida. Esta palabra puede parecer muy cercana a la palabra *compromiso,* que surgió en relación con la zona de fusión en el instinto sexual. Pero mientras que la zona de fusión se refiere a estar en cuerpo y alma en *este momento,* enfocándose profundamente en (y fusionarse energéticamente con) una persona o cosa, la pertenencia del instinto de adaptación se refiere más a una inversión a largo plazo. Para alguien fuerte en esta zona, considerará a menudo el unirse o el no involucrarse, ya que hay un límite en el número de cosas diferentes en las que uno puede participar. Además, puede haber una tendencia a enrolar también (o intentar hacerlo) a otros en las causas en las que yo estoy involucrado.

Otro aspecto de esta zona es el sentimiento de pertenencia. Soy o quiero ser parte de algo más grande y puede ser que quiera contribuir con algo para el grupo o en un contexto más amplio: mi familia, mi clan, mi nación o el mundo. Además, es común que individuos con un alto nivel en esta zona, estén frecuentemente al tanto de las tendencias que vienen y van, y sean adeptos

a sopesar a que "tren vale la pena subirse" y en cual no,
ya que lo más probable es que se dirija hacia la oscuridad.

---

### HAZ LA PRUEBA | RELACIONES Y RECIPROCIDAD INSTINTIVAS — EL INSTINTO DE ADAPTACIÓN

Ya que te has familiarizado con las tres zonas del tercer instinto. ¿Te ha sonado familiar alguna de ellas? Date cuenta de que es una "cuestión de matices" más que de "blanco y negro"; todos tenemos algo de cada una de las categorías instintivas, pero no es probable que dominen de la misma manera en la misma zona. Para el propósito de esta exploración, haz a un lado la noción de que careces de alguno de los instintos (puedo garantizarte que este no es el caso) y en lugar de esto, fíjate como te relacionas con cada zona de este instinto.

¿Se te da bien "leer a la gente? ¿Te das cuenta de los estados de ánimo y las atmósferas, tanto en los individuos como en los grupos? ¿Se te da de manera natural el adaptarte instantáneamente al "ambiente energético" al que llegas? ¿Tiendes a empatizar con los demás y expresas generalmente tu empatía en el momento? ¿Ocupan estas cosas una parte significativa de tu atención y energía real? Si es el caso, la zona de leer gente puede ser fuerte en ti.

¿El hacer redes sociales, hacer amigos, explorar nuevas conexiones y mantener las que ya existen se te dan de manera natural? ¿Hay en tu vida un círculo amplio de conexiones a los que puedes contactar por varias razones, y de hecho lo haces? ¿haces frecuentemente conexiones entre amigos que crees podrían ayudarse unos a otros uniendo sus recursos? ¿Te comunicas exitosamente? ¿Te gusta jugar? Si todo esto ocupa una parte significativa de tu atención y energía real, la zona de vinculación y afiliación puede ser alta en ti.

¿Es importante para ti contribuir en gran medida, con tu grupo, tu país, tu organización o algo más grande que tú? ¿Disfrutas incluir a otras personas en las causas en las que estás involucrado? ¿Son muchas de estas causas parte de tu vida? ¿Es el sentido de pertenencia importante para ti? Y ¿Tienes generalmente un buen ojo para lo que está de moda y a lo que vale la pena unirse y cuales modas pasarán pronto? Si todo esto ocupa una porción importante de tu atención y energía actuales, la zona de participación y contribución puede ser fuerte en ti.

—

Si te identificas con las categorías de cada zona, las conoces, pero no son cosas que te quitan el sueño, es probable que la zona en cuestión esté para ti, en un grado intermedio de importancia. Y si algo dentro dice ¿Meh? y realmente no te preocupas o no piensas mucho en estas cosas, puede ser que esta zona este en el rango de tu punto ciego.

En este punto, podemos reflexionar otra vez acerca de lo que hablamos en la primera parte de este libro junto con el centro emocional. Probablemente puedas ver cómo algunos aspectos de este tercer instinto (empatía, vínculos a largo plazo, sensación de pertenencia), están tocando la puerta del centro emocional.

Si bien existen barreras muy claras entre los distintos instintos y el centro instintivo y el centro emocional, podemos también ver que la línea entre el instinto de adaptación y el centro emocional empieza a difuminarse. Sin duda, especialmente en los seres humanos, estas funciones a menudo trabajan en conjunto, entrelazadas de diversas formas. Sin embargo, los aspectos de la autorreflexión, la identidad del "quién" y la "individualidad" en el centro emocional no son realmente instintivos, pertenecen de manera exclusiva al dominio del corazón.

## Los tipos de personalidad, las zonas y el instinto de adaptación

Al hablar de los tipos del Eneagrama y el instinto de adaptación, los dos tipos que me provocan una reflexión inmediata son el Dos y el Nueve.

Creo que los Dos de Adaptación pueden *creer* que son expertos leyendo a los demás, pero no estoy segura de que éste sea siempre el caso. Después de todo, el ser perceptivo hacia las necesidades de los demás, es una característica muy importante de la autoimagen del Dos, y, por supuesto, en el Dos sano, podemos encontrar esta cualidad. Si eres un Dos de Adaptación y sientes que esta es la zona más fuerte en ti, te vendría bien verificar si los demás están de acuerdo con tu autodiagnóstico. ¿Piensa la gente que los lees correctamente? Y ¿concuerda esta función independientemente de que "persona" se trate?

Imagino también que el Nueve de Adaptación tendrá un nivel relativamente alto en la zona de leer a la gente (aunque no necesariamente consciente de ello), ya que tanto adaptarse a los demás y captar lo que ellos sienten o experimentan, son dos cualidades distintivas que podemos ver en el Nueve y que favorecerían un nivel más alto en esta zona.

## Un par de observaciones adicionales acerca del instinto de adaptación

Al hablar del instinto de adaptación como un todo, creo que cualquiera con características cercanas al espectro autista —incluyendo personas con un alto grado de funcionalidad, suficiente para no necesitar una evaluación médica o un diagnostico— en general tendrá un nivel menor en todas las zonas del instinto de adaptación y en orden inverso. Yo creo que esto significa que todos saldrían relativamente bajos en la primera zona, y aunque bajos, de alguna manera estadísticamente algo mejor en la segunda zona y así sucesivamente.

Pienso también que este comportamiento puede transmitirse de manera conductual a los hijos, incluso si el niño no herede la neurología atípica. Para mí, esto parece ser un aspecto más relevante cuando se trata de estos síndromes que la capacidad emocional: se les dificulta comunicar sus sentimientos y captar los matices en los demás, pero esto no significa que como individuos no *sientan* el mismo rango o intensidad emocional.

Por último, mientras exploraba este tema, estaba también traduciendo el libro *Everyday Ubuntu* de Mungi Ngomane. Me parece que la palabra *africana Ubuntu* captura muy bien todo el espectro del instinto de adaptación: se ubica allí mismo, entre el enfoque en uno mismo de los otros dos instintos, y la intimidad emocional y la inclusividad del corazón. Al explicar el instinto de adaptación a menudo encuentro que esta distinción es la más difícil de transmitir, a la cual volveré más adelante.

*Tus facetas* ~
Cicci Lyckow Bäckman

-----------------------------------------------------------------------

# Confusiones y malentendidos

En mi opinión, en la comunidad del Eneagrama se están difundiendo múltiples conceptos erróneos sobre los instintos, y en ocasiones se enseñan con mucho entusiasmo. Mencionaré aquí algunos de ellos y trataré de explicar la razón por la que creo que son malentendidos.

## El instinto de autoconservación

El instinto de autoconservación es directamente lo que significa y cómo este se expresa. Sin embargo, existe aquí una trampa común, específicamente cuando se refiere a personas con un instinto sexual fuerte que creen que en ellos la zona de salud y bienestar es alta porque disfrutan comer y se interesan en ejercitarse. Puede ser que nos fusionemos con la experiencia de probar (algunos) alimentos o tengamos la inquietud de explorar comidas diferentes, y después creamos que eso significa que es

165

interés por la comida como tal, pero al mirarlo en profundidad, en realidad no podría no importarnos menos el valor nutricional de lo que estamos comiendo; se trata más bien de disfrutarlo. Otro caso de este tipo de confusiones es cuando nos interesa hacer ejercicio porque queremos *vernos* bien, o, una vez más, tenemos el entusiasmo, pero no porque nos interese estar saludables; si la mejora en apariencia o el entusiasmo se pudieran obtener de otra manera, cambiaríamos de opción sin pensarlo. Estos malentendidos no significan necesariamente que no nos interese en absoluto la salud y el bienestar, pero podría ser considerablemente menor de lo que inicialmente creíamos que era.

## El instinto sexual

En la literatura del Eneagrama, el instinto sexual se explica a menudo en términos de buscar una pareja a largo plazo, buscar intimidad emocional y/o preferir conversaciones de uno a uno más que entornos grupales. Pero, aceptémoslo: la mayoría de los humanos parece que tienden (o por lo menos así lo desean) a estar en pareja, *independientemente* de las preferencias instintivas. Así que la idea de "Prefiero tener una pareja" para medir qué tan fuerte es el instinto sexual en una persona puede generar una avalancha de "falsos positivos". Si la gente insiste en fijarse en los aspectos de la relación, entonces qué tipo de pareja están buscando y cómo lo están haciendo, serían preguntas mucho más interesantes. Si buscas a alguien a quien que le gusten y haga cosas relacionadas con la atracción, exploración y/o fusión, y si lo haces *ejerciendo tú mismo* estos gustos y comportamientos, entonces sí, en ese grado probablemente tengas un instinto sexual fuerte. Si, por otro lado, buscas estas cosas de otras maneras, esas maneras pueden contarte una historia diferente acerca del orden de tus instintos.

*Nota:* Para los Tipos del Eneagrama Dos, Tres y Cuatro, o sea, los tipos del corazón, el ser dominante en el instinto sexual, a menudo se mezcla con temas relacionados con el reflejo, así como con la intimidad emocional, los cuales son aspectos más del corazón que viscerales. El hecho de que a menudo la atracción instintiva desencadena aspectos de la personalidad de esta misma naturaleza podría ser otro factor que contribuye a que la gente tenga una impresión equivocada acerca del instinto sexual.

Además, para mí nunca ha tenido mucho sentido definir a la atracción instintiva como querer tener a alguien especial y ansiar intimidad emocional, ya que no puedo verlo como algo que se pueda identificar en los animales. Muchos animales que claramente tienen un instinto sexual no tienen ningún interés en las relaciones a largo plazo o en la intimidad emocional. Así que, aunque el instinto sexual ha incluido estas cosas (lo cual no es así), ser definido por ellas no tiene sentido.

*Aceptémoslo: La mayoría de nosotros quiere tener una pareja. Por lo tanto, el usar el "Prefiero tener una pareja romántica" para medir que tan fuerte es el instinto sexual en una persona puede generar una avalancha de falsos positivos.*

Esto hizo que las variantes instintivas o "subtipos" sonaran como categorías inventadas más que como impulsos biológicos reales.

Una vez que comprendí de lo que en realidad se trataban los instintos, vi también otra posible razón para la confusión en torno al instinto sexual. A continuación, explicaré detalladamente por qué creo que los aspectos comúnmente llamados de intimidad no tienen lugar dentro de los instintos y qué aspectos del instinto sexual creo que están causando esta confusión.

## El malentendido de la "intimidad emocional"

Un error común se da al mezclar aspectos del corazón en la interpretación del instinto sexual. Nuestra cultura es famosa por su propensión a confundir sexualidad y emociones, y en las enseñanzas comunes acerca del instinto sexual, este es definitivamente el caso.

Pero las emociones son una cualidad del corazón, mientras que el instinto es una cualidad visceral. Dado que las vísceras preceden al corazón tanto evolutiva como funcionalmente, como vimos en la primera parte de este libro, no hay manera de que se relacione con las emociones. Por lo tanto, el instinto sexual no puede proponer emociones; es así se simple. Así que ¿por qué tanta gente cree todavía que la atracción instintiva tiene que ver con la intimidad emocional?

Aparte de la expresión que el instinto sexual suele tener en los tipos del eneagrama Dos, Tres y Cuatro que mencioné en la página 167, creo que una respuesta que se encuentra dentro del propio instinto sexual es la *zona de fusión*. El "impulso de fusionarse, cuando se concentra en otra persona, se parece sospechosamente a un anhelo de intimidad emocional. Además, para la gente que no es demasiado entusiasta en esto de fusionarse con un otro, sospecho que cuando dicha fusión ocurre, será a menudo *inspirada por* la intimidad emocional, dando la impresión de que esto es, de hecho, a lo que la zona de fusión (o incluso el instinto sexual como un todo) se refiere. Sin embargo, si eres fuerte en esta zona, está bastante claro que fusionarse es diferente a la cercanía emocional con alguien. Como lo mencioné al discutir el instinto sexual, fusionarse implica tener cierta urgencia, muy diferente a la energía más suave e interpersonal del corazón que encontramos incluso en el contacto emocional intenso. Pero claro que en nuestro día a día, usamos estas funciones y facultades de manera simultánea y con muchas superposiciones. Esto puede hacer difícil distinguir entre ellas al enseñarlas, especialmente cuando ya existe en el tema una plaga de definiciones engañosas.

## El malentendido de "es solo acerca de la procreación"

Otro malentendido bastante opuesto (y creo que más raro) es que el instinto sexual se trata solo de sexualidad y el acto sexual, lo que no es tampoco cierto. El instinto al igual que los demás, recibe su nombre del origen del impulso, pero está definido por la *energía* de ese impulso; no solo por la acción biológicamente diseñada para inspirarlo. Sin embargo, creo que algunos profesores que no adhieren al malentendido de la "intimidad" del instinto sexual y quieren dejarlo claro, tratan de contrarrestar la desinformación enseñándolo como si se tratara siempre y tan solo de la procreación, o al menos de la atracción sexual. Sin embargo, creo que las zonas aclaran con elegancia este malentendido.

## El instinto de adaptación

En el instinto de adaptación, la idea equivocada más común es que se trata de disfrutar de los grupos, ya sea de que estos se diviertan o se organicen, e incluso de preferir los grupos a los individuos. Creo que este malentendido surgió por dos razones. Una de ellas es lingüística: se trata de la palabra *social,* la cual es comúnmente utilizada para describir este instinto, por lo que muchos piensan que se trata de *socializar* (que es un poco como creer que al instinto sexual le preocupa solo el acto sexual). Esta mala interpretación fue alimentada de manera inconveniente por el uso del nombre "uno a uno" para el instinto sexual, como si las personas con un instinto social dominante no prefirieran la relación uno a uno. La otra razón es que la gente tiene una visión demasiado estrecha del instinto en sí, viendo la zona de participación y contribución (o aspectos de esta) y creyendo que esto representa todo el instinto de adaptación. Este concepto erróneo se aborda mejor, simplemente al aprender el propósito evolutivo del instinto, ya que esta zona se preocupa más por los aspectos sociales secundarios de este instinto.

## La conexión entre la zona olvidada y el centro emocional

Dado que muchas personas solo ven la zona de participación y contribución, algunas veces combinadas con temas de la zona de vinculación y afiliaciones, se pierden de una gran parte de lo que se trata el instinto de adaptación: leer y adaptarse a las señales en nuestro entorno inmediato, a menudo con respecto a la persona con la que nos relacionamos en ese momento. En cuanto a la zona de leer a la gente, es tan tranquila, perceptiva y relacional, que sospecho que mucha gente atribuye sus aspectos como si correspondieran al centro emocional, sin darse cuenta de que estos continúan siendo *aspectos instintivos*. Esto puede llevarnos a adoptar un enfoque menos eficiente para ciertos problemas, o a permanecer terapéuticamente en el centro emocional, cuando lo que se necesita para trabajar en ellos es cierta consciencia de lo visceral.

Y con relación a la zona de vínculos y afiliaciones, sus aspectos parecen estar divididos de manera errónea en dos malas interpretaciones. La primera es la visión general de "socialización", en donde el instinto de adaptación o "social" es enseñado como el que se ocupa de relacionarse con grupos más que con individuos. La segunda, es la percepción equivocada de la vinculación como parte del instinto sexual, en donde la conexión y las relaciones encajan muy bien con el malentendido de "pareja sexual". Como espero haberlo transmitido hasta ahora, esta clase de conexión es de hecho, un aspecto del instinto de adaptación.

Al darnos cuenta de a qué se refieren en realidad estas dos zonas, el instinto de adaptación encaja aquí y podemos deshacernos de la idea de que se trata de un asunto en gran parte relacionado al grupo, algo que pudimos haber creído antes.

Además, como lo mencioné previamente, existe solo una delgada línea entre los aspectos del instinto de adaptación y los aspectos del centro emocional, y en los seres humanos, los dos a menudo se encuentran vinculados. Sin embargo, para comprender la manera en que funcionamos y cómo abordamos los patrones recurrentes en nuestras vidas, esta distinción es importante. Con esto, nos damos cuenta de que estos impulsos y respuestas operan en diferentes planos. Si no tenemos esto claro, podríamos seguir usando herramientas emocionales para manejar miedos y reacciones que de hecho son instintivas. En donde se diagnostican cosas como pérdida y dolor, esto, por supuesto, involucra el corazón, pero puede también involucrar miedos primarios de no sobrevivir sin ciertas conexiones. Si no se abordan en el terreno que le corresponde, el problema que estamos tratando de resolver puede parecer inexplicable y ser bastante resistente a la terapia.

## La sala de estar "social"

También me he encontrado con una mala interpretación que hasta me parece un poco graciosa, en la que una zona fuerte de domesticidad en el instinto de autoconservación es interpretada como parte del instinto de adaptación. Inicialmente yo misma caí en esta equivocación: "Quiero que mi casa luzca bonita *para cuando venga alguien a visitarme,* ¡ah mira!, ahí está el instinto de adaptación".

Pero, al menos en algunos de estos casos (y ciertamente en el mío), un pequeño sondeo reveló que las reuniones sociales reales en la casa en cuestión eran mucho menores y más distantes que los pensamientos sobre ellas (y en la preparación en la vida doméstica para futuros eventos de este tipo). El interés por la casa en sí, como el escenario en donde tendrían lugar las reuniones era el punto principal, mientras que las reuniones sociales en el mejor de los casos pasaron a segundo plano.

## El dominio instintivo — encontrando la naturaleza detrás de las ideas y emociones

Una cosa que siempre es difícil de entender al trabajar con nuestros impulsos biológicos es que, de hecho, son *instintivos*. Puede ser algo sorprendente que esto sea un problema, ya que ese paree ser el punto. Pero como sociedad y cultura raramente hacemos la distinción entre el material cognitivo, y dicho sea de paso, cualquier otra cosa. De manera habitual y automática abordamos los pensamientos, emociones e impulsos instintivos desde una perspectiva igualmente intelectual, inclusive cuando intentamos hacer un trabajo emocional o sentir los impulsos instintivos.

Esto significa en un inicio que la jerarquía instintiva de una persona puede parecer muy completa, con una especie de actitud de: "Yo hago todo esto". Pero la pregunta no es solo si "lo hacemos"; aunque esto es por supuesto *parte* de la pregunta, está también qué parte de nosotros está impulsando este enfoque y este comportamiento.

¿En dónde pones tu atención cuando el corazón se toma un descanso y la cabeza deja de encargarse temporalmente? ¿Cómo te orientas? *¿Qué es verdaderamente importante para ti? ¿Son* los aspectos de supervivencia y mantenimiento como la comodidad o las habilidades corporales los recursos que tienes disponibles, o tu entorno y tu seguridad física? ¿O son aspectos de la atracción y expansión como lo que te atrae o te repele, lo que tiene emoción o la próxima aventura, o cualquier proyecto o persona en la que estas invirtiendo tu energía? ¿O son los aspectos de adaptación y reciprocidad, como el estado de ánimo de las personas a tu alrededor y lo qué están sintiendo, o tus relaciones y conexiones, o tu contribución a algo más grande que tú de lo que formas parte o quisieras pertenecer?

Y, claro, usarás todas, o prácticamente la mayoría de las funciones de todos los instintos en un momento u otro. Después de todo, funcionan desde un diseño biológico y si cualquiera de ellos realmente nos faltara por completo, no seríamos capaces de vivir una vida normal. Pero el objetivo de hablar acerca de una jerarquía instintiva es determinar el sesgo, y como consecuencia de éste, los desequilibrios y comportamientos inútiles que surgen en nosotros por no ser conscientes de estas cosas o por no saber cómo manejarlos.

Creo que poner los instintos en perspectiva explorando primero los centros de inteligencia ayuda mucho, y de esta manera dar luz a la diferencia entre estas tres formas de inteligencia, igualmente importantes y a la vez completamente diferentes. Al recordar una y otra vez la cualidad específica del instinto, es más fácil tener la sensación de lo que es instintivo y lo que, de hecho, es otra cosa.

*Tus facetas* ~
Cicci Lyckow Bäckman

# Preferencias y cambios

El concepto de jerarquía o secuencia instintiva significa básicamente que tendemos a favorecer a un instinto a costa de los otros dos minimizando en gran medida a uno de ellos. Esto nos deja con lo que se ha llamado jerarquía o secuencia: un instinto que es dominante, otro que se deja de lado y el restante se ubica en algún lugar en medio. Diferentes profesores han tomado diversas posiciones respecto a este tema, enseñando una determinada jerarquía o secuencia, enseñando diferentes versiones o inclusive hablando en su contra, lo cual ha generado bastante confusión. Sin embargo, la mayoría de nosotros parece estar de acuerdo en que damos prioridad a uno de los instintos. Personalmente también adhiero a la noción de uno de los instintos como "punto ciego", ya que para mí tiene sentido tanto desde un punto de vista psicológico como desde lo que he observado de manera empírica.

Pero quedándonos primero con la idea de que si priorizamos un instinto en nosotros, esta prioridad ya tiene en sí consecuencias naturales en como expresamos los otros dos, independientemente de lo que pensemos acerca de jerarquías o puntos ciegos. Estas consecuencias parecen ser especialmente obvias cuando se trata del instinto sexual, ya que este impulso fue creado esencialmente para compensar los comportamientos cultivados por el instinto de autoconservación. Existe aquí un aspecto competitivo: si somos fuertes en el instinto sexual, probablemente nos demos cuenta de que esto tiende a reprimir el comportamiento del instinto de autoconservación. Esto sucede de manera automática, ya que es imposible estar seguro mientras se toma un riesgo, o mantener tus paredes intactas si quieres expandirte. De la misma manera, si enfatizamos el instinto de autoconservación, es probable que veamos que este irá en contra de los comportamientos relacionados con la atracción y la expansión. Estos dos impulsos no fueron realmente creados para trabajar de manera simultánea, (con la obvia excepción de algunas funciones automáticas de la autoconservación que funcionan para mantener al organismo vivo en el momento), sino más bien como impulsos complementarios donde los comportamientos a largo plazo de la autoconservación son brevemente interrumpidos por ráfagas de comportamientos pertenecientes al instinto sexual.

*Al ser fuertes en el instinto sexual, probablemente nos daremos cuenta de que esto suprime al comportamiento de la autoconservación. Por ejemplo, es imposible mantenerse seguro mientras se toma un riesgo o mantener tus paredes intactas si quieres expandirte.*

Así que el instinto dominante puede afectar la utilización de los otros dos. Sin embargo, si buscamos un punto ciego aquí, la dinámica anterior no significa necesariamente que el individuo que es fuerte en cualquiera de estos dos instintos tenga su punto ciego en el otro. Ya que un instinto se opone directamente a nuestro dominante a menudo tendrá menos tiempo de emisión, pero esto no lo hace un punto ciego en sí. El punto ciego es más una cuestión de en qué conjunto de impulsos he invertido la menor cantidad de energía, interés o esfuerzo, o directamente, es expresamente negado. Y eso, en este caso, podría ser igualmente una cuestión de adaptación y reciprocidad, es decir, del instinto de adaptación.

## ¿Cambian nuestras preferencias instintivas?

Las opiniones varían sobre si las preferencias instintivas se establecen durante toda la vida o si eventualmente pueden cambiar las prioridades. Por supuesto que, si lo vemos desde una micro perspectiva, las prioridades cambian todo el tiempo, ya que tenemos *los tres* impulsos instintivos, independientemente de cómo sea nuestra jerarquía de ellos. La mayoría de la gente estará probablemente de acuerdo en que entre más equilibrados estemos, usaremos los instintos de una forma más equilibrada y sana, sin dejar que las zonas más fuertes dominen de tal manera que nos afecte de manera negativa, así como dar más atención a las zonas más bajas, para que podamos usarlas como pretende la naturaleza, por lo menos hablando de manera relativa.

Dicho esto, no creo que el objetivo sea no tener preferencias en esta área; ni tampoco que la meta sea deshacerte de tu tipo de personalidad, lo que sin lugar a dudas no es el caso.

Además, mi experiencia personal es que nuestras *preferencias* instintivas realmente no cambian mucho; el instinto dominante llamará tu atención de manera automática y hasta hoy no he visto ningún argumento que respalde que el punto ciego cambie alguna vez. Sin embargo, lo que creo que puede suceder, especialmente si trabajamos en nosotros de diferentes maneras, es que el instinto medio tome fuerza, y también pueda parecer que recibe más atención que el instinto que pensábamos previamente que era el dominante. También, claro, podemos aprender a incorporar de manera activa más comportamientos y prioridades de nuestro punto ciego.

## Circunstancias cambiantes que afectan nuestra expresión instintiva

Un caso que en ocasiones se puede usar para entender los cambios que se dan en la secuencia instintiva dependiendo de las circunstancias, es cuando la gente se describe a sí misma como dominante en el instinto sexual al tener una pareja, pero dominante en otro instinto cuando no la tiene.

Para mí, eso, en primer lugar, muestra una falta de conocimiento profundo en lo que en realidad significa el instinto sexual y el sesgo instintivo. Si domina en ti este instinto, se mostrará en todas las áreas de tu vida y no solo en la relación uno a uno (lo que, una vez más, es parte de la información errónea que circula). Alguien que haya comprendido las zonas de este instinto podrá ver todas las otras maneras en que este se desarrolla y que no depende de que tengamos un compañero sexual. Para ilustrar más este punto, Russ Hudson cuenta que, al visitar un monasterio, encontró que muchas de las monjas tenían el instinto sexual dominante, y, obviamente, no tenían una pareja sentimental ni sexo que involucrara otra persona. El hecho de que los aspectos y comportamientos relacionados con la zona de atracción y expansión se noten más cuando tienes una pareja sentimental, se da porque así *debe* ser en todas las personas, independientemente de la secuencia instintiva. Es como cuando contraemos una enfermedad grave; nuestro instinto de autoconservación *existe* para ayudarnos a salir adelante, y lo hará, aunque no lo ejercitemos mucho.

Por eso, algunas veces sucede que nuestras *prioridades* cambian de manera radical debido a eventos extremos en nuestra vida; nos enfermamos y nuestro instinto de autoconservación se acelera, o tenemos un bebé y comenzamos a "leer" situaciones y a adaptarnos más rápido. Si este instinto activado de manera contextual es el del medio en la secuencia de nuestra jerarquía, esto puede hacer que parezca que nuestros dos instintos superiores han cambiado de lugar. Si el instinto que se ha despertado y activado es nuestro punto ciego, podría parecer que de hecho ha subido hasta el medio. Sin embargo, al usar el concepto de *preferencia,* mi intención es distinguir esto de una prioridad práctica. El punto es hacer la distinción entre lo que *preferimos,* neurológica e instintivamente (es decir, no lo que pensamos que suena bien o con lo que nos gusta identificarnos, sino aquello con lo que nuestro *sistema* se identifica), y lo que *escogemos.* Sin embargo, hacer esta distinción de una manera significativa, requiere tanto una comprensión de los instintos como un deseo genuino de comprenderte a ti mismo ( en lugar a apegarte a una autoimagen que luego tiendes a reforzar).

Usándome como ejemplo, yo tengo como dominante el instinto sexual y mi punto ciego está en el instinto de adaptación. Cuando fui diagnosticada con una enfermedad crónica (la cual además sucedió un par de años después de haberme casado con un hombre domi-nante en la autoconservación), mi instinto de autocon-servación se activó más; me interesé más en lo que comía, intenté hacer varias dietas, me daba cuenta de cuando mi energía se agotaba, comencé a meditar e hice otras cosas claramente calificadas como actividades de autocon-servación en la zona de salud y bienestar. Como tiendo a retener información fácilmente (así como no soy alguien que hace las cosas a medias) aprendí también mucho acerca de estas cosas.

Así que mi instinto de autoconservación, que se en-cuentra en la parte media de mi jerarquía, se intensificó

y me sirvió para manejar la situación, tal como está dise-
ñado para hacerlo. Creo que alguien que viera de afuera
ese momento de mi vida, de entrada, podría haber
asumido que mi instinto dominante era el de
autoconservación. Pero si alguien mirara más allá, o
interactuara conmigo, se daría cuenta de toda la actividad
en las zonas aún dominantes del instinto sexual, por
ejemplo la — puesta en ciertas actividades, la intensidad
en ciertos intercambios y ¡hasta la manera en que
comencé mis nuevos hábitos de autoconservación!
Además, aunque podía ver que había menos intensidad
de la que viene con el instinto sexual, era obvia mi
tendencia a priorizar la atracción y la expansión, sobre
todo en situaciones en donde hubiera un "cara a cara"
entre los dos instintos, en donde, por ejemplo, el
sentirme cansada y necesitar acostarme ocurriera de
manera simultánea con un momento en que algo me
atrajera y captara mi interés. En ese punto muerto, en
cuanto a preferencias, el instinto de autoconservación
perdía cada vez ante el instinto sexual. Esto no quiere
decir que nunca escuché la llamada de la autoconservación; después de todo, tener un instinto dominante
no significa estar esclavizado a él. Pero a nivel visceral,
no había duda: la *preferencia* del instinto sexual estaba
completamente intacta, de ahí el término *jerarquía
preferencial*.

No obstante, como no soy *solo* visceral, sino que también tengo capacidades intelectuales, podía (en ocasiones) tomar la decisión de anular el impulso instintivo o, por así decirlo, poner la cabeza al servicio del instinto de autoconservación a pesar de no hacer tanto "ruido" como su competencia. No diría **que** el cambio en las circunstancias cambió la secuencia en mi jerarquía instintiva. Aunque algunas veces estas sirvieron tanto para hacerme consciente de la necesidad de atender ciertos desequilibrios y como para hacerlo, y toda la experiencia me sirvió para, de alguna manera, equilibrar mi sistema y mis prioridades.

Sin embargo, el concepto de preferencias neurológicas o instintivas representa un camino engañoso, ya que puede llevarnos a la conclusión errónea de que es posible ser dominante en un instinto que durante la mayor parte de tu vida de hecho has decidido no seguir. Esto no sucede realmente. El material instintivo que soñamos tener, pero que rara vez ejecutamos o expresamos, *no* apunta a un instinto dominante. Entonces, en su mayor parte, lo que hemos tendido a elegir de manera consistente, resulta ser un mejor indicador del instinto que domina en nosotros.

*El material instintivo que soñamos
tener, pero que rara vez ejecutamos
o expresamos, no apunta a un
instinto dominante. Entonces, en su
mayor parte, lo que hemos tendido
a elegir de manera consistente,
resulta ser un mejor indicador del
instinto que domina en nosotros.*

Por lo tanto, los términos *preferencias* y *preferencial deben*
ser comprendidos de manera correcta. No se trata de algo
que "te gusta cómo suena" y el punto no es dar a la gente
carta blanca para que haga una jerarquía preferencial
desde una perspectiva mental, de manera completamente opuesta a como son su vida y sus elecciones reales.
Esto no es útil, ya que no nos señala hacia dónde debemos
ir en nuestro trabajo interior. El punto es que, la primera
respuesta en el sistema nervioso se verá bastante clara,

una vez que sepamos qué debemos buscar. El término *preferencial,* por lo tanto, solo distingue entre las cosas que escogemos, con ayuda de la mente (y en general, nuestro segundo instinto) y las cosas hacia las que nuestro cuerpo gravita de manera instantánea (y que todavía elegimos, solo, quizás, temporalmente en la perspectiva micro en lugar de macro). Esto último es a lo que se refiere la palabra "preferencial", mientras que a lo primero se le podría llamar "elección".

## Cuando la edad y la madurez afectan a la expresión instintiva

A medida que maduramos y envejecemos, la mayoría de nosotros descubrimos durante el camino, al explorar lo que nos gusta y lo que no, que de hecho algunas veces a pesar de nosotros mismos, nos gusta el *equilibrio.* Por esta razón, podemos descubrir que nuestro instinto medio es bastante agradable: no somos del todo malos usándolo, nos da satisfacciones que nos gustan, y lo mejor de todo, las trae sin meternos en muchos líos. Creo que esto hace a veces parecer como que a alguien se le ha "reorgani-zado" la jerarquía de instintos; pero al hablar con la persona o al observarle de cerca, apostaría a que, por lo menos en muchos casos, se trata de elegir un equilibrio (que en ningún caso es algo malo), y no un cambio en la preferencia instintiva, o en qué instinto nos hace más ruido de manera constante.

*A medida que maduramos y envejecemos, podemos descubrir que nuestro instinto medio es bastante agradable, no somos malos usándolo y nos brinda satisfacciones, y lo mejor de todo es que nos da todo eso, sin meternos en problemas.*

No cuento con datos suficientes para apoyar la afirmación de que las preferencias instintivas nunca cambian, ni pienso necesariamente que este sea el caso. Sin embargo, nunca lo he presenciado en persona. Lo que he visto, son casos en donde las personas han dicho que han cambiado (o cambiado de manera repetitiva) y sospecho que a menudo, esto se da porque la persona no ha comprendido realmente los puntos específicos de los impulsos y mezcla las cosas, o habla de un cambio de comportamiento y consciencia, al elegir sus prioridades dentro de un espectro más amplio (**como** sería tener un trabajo más "social", o empezar a cuidar más su cuerpo), pero no en la preferencia instintiva, ya que el orden de atención se da de manera neurológica. Y supongo que puede ser debatible de a qué grado las prioridades elegidas son de hecho, prueba de la preferencia instintiva. Sin embargo, hay algo que permanece claro: tus preferencias se mostrarán en tu vida diaria de una manera u otra, y lo harán de manera frecuente.

Por lo tanto, cuando alguien experimenta un cambio en su jerarquía instintiva, esto no se da normalmente por escoger cosas que van en contra del instinto dominante previo; sino más bien porque el segundo instinto ha abarcado más y tiene un mayor alcance de influencia en tus elecciones. Como ejemplo, digamos que alguien ha sido siempre dominante en el instinto de autocon-servación con el instinto de adaptación en medio. Entonces, en algún momento, comienza a usar más el instinto de adaptación; tal vez, comience a dar confe-rencias y seminarios, a usar sus habilidades de adaptación y de reciprocidad y disfrute hacerlo. Se vuelve cada vez mejor en esto, apreciando y afinando realmente su instinto de adaptación. Esto podría hacer que la persona piense que sus dos instintos más altos han intercambiado sus lugares; pero si miramos más de cerca, puede ser que todavía se note con suficiente evidencia que el instinto de autoconservación no se ha

---

"bajado del trono", por así decirlo, sino que sigue mostrándose fuertemente en las preferencias fuera (y quizás incluso dentro) del salón de clase.

---

## HAZ LA PRUEBA | CRECIMIENTO Y CAMBIO DENTRO DE LOS INSTINTOS

¿Has experimentado cambios importantes en tus circunstancias, alguna enfermedad, cambios en las exigencias hacia ti de manera repentina y dramática, etc., y estos cambios han afectado la manera en que se muestran tus instintos?

Si ves que este ha sido el caso en ti, pregúntate acerca de lo que cambió, y en qué nivel de tu experiencia. ¿Qué instinto fue el que más apareció, el del medio o el punto ciego? ¿Cómo te fue al usarlos?

Si experimentaste un cambio real en tu jerarquía de preferencias instintivas, ¿qué sucedió con tu instinto previamente dominante? ¿Puedes detectarlo todavía? ¿De qué maneras se manifiesta todavía? ¿Te gusta cuando eso pasa?

¿Al empezar a usar más otro instinto diferente al dominante, has experimentado "efectos secundarios"? ¿Ves los efectos del cambio en otras áreas en tu vida — más que los efectos del instinto que fue cambiado? (Si no es el caso, es una pista de que no es que tu jerarquía actual haya cambiado, sino más bien un caso de que has aprendido a utilizar tus recursos más plenamente). De igual manera, eso también significa que el instinto que dominaba antes sigue dominando con fuerza, pero tal vez de nuevas formas que quizá podrías haber observado en este ejercicio.

Si comenzaste a usar más el instinto del medio y percibes que se ha convertido en dominante, ¿cómo ha afectado eso al punto ciego? ¿Sigue siendo ciego todavía?

No importa la respuesta que surja en esta exploración, nada es correcto o equivocado. Las preguntas son solo para ayudarte a descubrir más acerca de ti y tus impulsos instintivos.

*Tus facetas* ~
Cicci Lyckow Bäckman

-----------------------------------------------------------------

# Trabajando con
# los instintos

Dado que como vimos en la primera parte de este libro, los instintos son asunto del centro visceral, estos en realidad no se prestan a la manipulación intelectual. No podemos dirigir con la mente a los impulsos instintivos como tales. Sin embargo, como lo dije antes, obviamente podemos *escoger* (al menos en teoría y muy a menudo en la práctica también) no seguir un impulso instintivo, como cuando apagamos Netflix, aunque quisiéramos seguir viendo nuestra serie favorita, o cuando nos abstenemos de pedir postre, aunque se vea delicioso, porque hemos tomado una decisión anclada en el intelecto. Si decidimos trabajar de manera activa para equilibrar nuestros instintos, esta habilidad de anularlos puede tentarnos a prometernos a nosotros mismos cambiar intencionalmente nuestro comportamiento y reducir el uso excesivo de un instinto dominante. Sin embargo, esto casi nunca funciona, por lo menos no a largo plazo.

Y en la medida que funcione, tomará un gran esfuerzo y seguramente se sentirá deprimentemente insatisfactorio. Para la mayoría de nosotros, existe una identidad y una autodefinición bastante grandes en el instinto dominante, y el bajar su intensidad puede sentirse como si se estuviera sofocando a "quien realmente somos". Claro que esto no es verdad, pero una vez más, estos aspectos no son susceptibles al razonamiento cognitivo.

Así que los intentos para desalentar al instinto más fuerte no suelen ser muy exitosos. Además, el instinto más fuerte, aunque algunas veces tiene el poder de atraernos hacia escenarios demasiado buenos, no es, de hecho, lo más importante en lo que hay que fijarse. En cambio, lo que nos hace tropezarnos la mayoría de las veces y nos causa el mayor problema tiende a ser el punto ciego. Sin embargo, ya que el punto ciego es generalmente un área sensible, podemos primero trabajar poco a poco explorando primero nuestro instinto dominante.

## Explorando el instinto dominante

Ya al explorar nuestro instinto dominante, es posible que deseemos andar con cuidado. Después de todo, esto es un aspecto bastante fuerte de nuestra identidad, y uno al que seguramente nos aferramos con bastante fuerza. Pero ya que lo es y dado que así lo hacemos, es muy probable que nos meta en problemas. Si bien es agradable, satisfactorio y gratificante, o cualquier atributo que creas que se adapta a tu instinto dominante, a veces nos hace caer en situaciones poco deseables. De cualquier manera, nos gusta esta energía en nosotros, y el objetivo no es ni parar de hacerlo ni juzgarnos severamente por hacerlo.

*El punto es tomar nota de lo que sucede, no empezar listas de qué hacer para cambiar las cosas, no reprendernos por eso. Una mayor conciencia como tal, cambia algo, pero ese cambio por lo tanto viene de adentro, es orgánico y no es un cambio forzado de comportamientos naturales.*

Sin embargo, lo que podríamos querer, es tener más espacio para maniobrar y más libertad para elegir. Por ejemplo, quizá nos hemos dado cuenta de que en ocasiones exageramos aspectos de nuestro instinto dominante de una manera que nos lleva a tener dificultades relacionadas con las finanzas, las relaciones, el trabajo u otros aspectos; y sería grato tener control sobre estas *partes*, para que, en cierto sentido, pudiéramos tener nuestro pastel y también comérnoslo.

Podemos abordar esto de diferentes maneras, haciendo un inventario y por lo tanto siendo más conscientes de las diferentes maneras en las que usamos nuestra energía instintiva. El punto es tomar nota de lo que sucede, no reprendernos por ello y no empezar listas de qué hacer para cambiar las cosas. Esta mayor conciencia en sí misma cambia algo, pero ese cambio viene de adentro, de manera orgánica, y no como un control forzado de los comportamientos naturales. Esto es lo que hace la diferencia.

### Dr Jekyll y Mr Hyde

Al mirar los instintos y la jerarquía preferencial, es fácil, especialmente si estás acostumbrado a buscar los problemas y querer ser "tu mejor versión", quedarse atrapado en los aspectos negativos. Pero, de hecho, nuestro instinto dominante puede ofrecer todo tipo de cualidades, habilidades y experiencias sin las que no quisiéramos estar y que, de manera moderada, no nos causan ningún problema. Por esto, empezar por aquí puede ser una buena manera de comenzar y de relacionarnos positivamente con este lado "animal" de nosotros mismos.

Sin embargo, por supuesto, *existe* también otra cara de la moneda con respecto a este dominio instintivo. Nuestros apetitos, cualesquiera que sean, pueden en ocasiones hacernos dejar a un lado otras necesidades importantes, y podemos sufrir a largo plazo (o incluso, ocasionalmente, como resultado directo de algo que hicimos "bajo la influencia" de este instinto). Mirar esto puede sentirse como algo provocador para la personalidad. Después de todo, esto es lo que "soy". *¿Quieres que deje de ser yo?* No, obviamente eso no es lo que quieres. Pero como muchas otras cosas, una vez que el ego toma el lugar del conductor, podríamos poner atención a lo que sucede.

---

### HAZ LA PRUEBA | EXPLORANDO LA ZONA(S)
### MÁS DOMINANTE(S)

¿Te quedó claro tu instinto dominante? Si no es el caso, usa la hoja de puntaje al final del libro para aclarar tus prioridades instintivas. Después continúa con este ejercicio. Para la mayoría de la gente, es razonablemente claro, por lo menos después de que se les explicaron las zonas, cuál es su instinto más alto. Normalmente, serán muy pronunciadas dos de las zonas en este instinto, (Asumiré que éste es el caso. Si una zona resalta para ti, usa esa).

Siéntate en un lugar en donde no seas molestado por un rato. Después, trata de estar presente: enfocándote en tu respiración, contando de atrás para adelante, sintiendo tus pies o estómago o cualquier otra cosa.

Una vez que te sientas presente en tu cuerpo y en el momento presente, pon tu atención en la o las zonas más fuertes de tu instinto dominante. ¿Cómo añade este instinto significado, color, alegría y/o libertad a tu vida? ¿Qué hay en él que te atrae? ¿Puedes sentir realmente esa atracción de manera energética en tu cuerpo? Sólo quédate con eso por un rato y siente todas las cosas buenas que este instinto aporta a tu vida. Puedes tal vez querer hacer una lista y escribirla en un cuaderno o un block de notas.

Cuando te sientas listo, siéntate en silencio haciendo unas cuantas respiraciones. Después piensa lentamente en algunas situaciones en las que este instinto dominante se salió de control. ¿Qué sucede cuando hace esto? ¿Qué tipo de situaciones eran? ¿Qué sucedió? ¿Cómo lo sentiste? Sé curioso. ¿Es la misma actividad que puede ir de sano a malsano? ¿Podrías identificar cuando ocurre el cambio? ¿Cuáles son los signos que te muestran que estás exagerándolos o estás por exagerarlos? ¿O son las expresiones no tan saludables de otra categoría distinta a las más equilibradas?

Es importante no hacer juicios o ser autocritico, o incluso, pensar en términos de cambiar las cosas. Solo observa. Familiarízate con la manera en que este instinto se expresa dentro de ti y, sobre todo, en *cómo se siente* de manera energética y tal vez, física.

Sólo familiarízate. Lo estás haciendo bien.

Al trabajar en nosotros, es tentador empezar a gestionar nuestro trabajo interno, nuestra psique y, en este caso, nuestros instintos. Sin embargo, por razones que deben estar claras ya, esto no es muy efectivo. En el mejor de los casos, creamos un cambio forzado y a corto plazo; al costo de esforzarnos mucho y probablemente de avergonzarnos de nosotros mismos en el proceso.

La manera más efectiva de establecer un equilibrio es hacerlo desde dentro. La naturaleza y, por lo tanto, también el cuerpo, se dirige de manera natural hacia un equilibrio. Para el ego, es frustrante ver el trabajo interno, los sentimientos y los aspectos y no abordarlos de una manera más concreta. Sin embargo, es por si sola la consciencia sin juicio la que pavimenta el camino para originar un cambio espontáneo; cambios que están más en sintonía con nuestra energía y necesitan mucho menos esfuerzo. Pueden también tomar un poco más de tiempo, sin embargo, esto resulta más agradable ya que no tenemos que repetir la operación cada dos semanas.

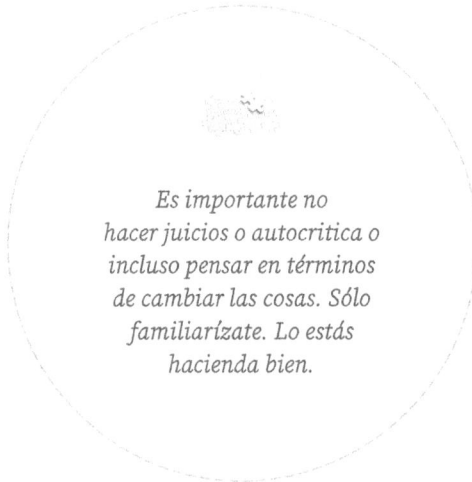

*Es importante no hacer juicios o autocritica o incluso pensar en términos de cambiar las cosas. Sólo familiarízate. Lo estás haciendo bien.*

## *Los rincones inexplorados del instinto dominante*

Podríamos también echar un vistazo a la zona más débil de nuestro instinto dominante. Para la mayoría de la

202

gente, este no resulta ser extremadamente débil, relativamente hablando; podría estar aún en el promedio, pero
considerablemente más bajo que los otros dos. Aquí es
posible encontrar aspectos y atrevernos nosotros mismos
a explorar más. Esto puede sonar como una oferta
extraña para el equilibrio, ya que, después de todo,
estamos acostumbrados a nuestro instinto más fuerte.
Pero como hemos establecido, nuestra meta no es
necesariamente erradicar nuestras preferencias instintivas. Más bien, el mirar en las partes escondidas de
nuestra zona más débil nos puede ayudar a equilibrar
una o dos zonas que a veces tienden a meternos en
problemas; sin representar una amenaza demasiado
grande para nuestro ego o autoimagen.

---

### HAZ LA PRUEBA | LA ZONA MÁS DÉBIL DEL INSTINTO DOMINANTE

¿Tienes claro tu instinto dominante? En caso de que no, usa
la hoja de puntaje al final de este libro para dar claridad a
tus prioridades instintivas. Después continúa con este
ejercicio. Para la mayoría de la gente, es razonablemente
claro, por lo menos después de haberles explicado las
zonas, cual es el instinto más alto. Normalmente, son más
pronunciadas dos de las zonas en este instinto.

Siéntate en algún lugar en donde no seas molestado por un
rato. Después trata de estar presente de la manera que
prefieras; enfocándote en tu respiración, contando de atrás
para adelante, sintiendo tus pies o estómago, o lo que sea.
Una vez que hayas podido encontrar la manera de estar
presente en tu cuerpo, pon tu atención en la zona más débil
de tu instinto dominante. ¿Qué tiene esta zona con la que
no te identificas tan fuertemente? ¿Es esta falta de
identificación una fuente de alivio o stress o vergüenza para
ti? ¿O pueden ser los dos? (Puede ser que no sea ninguno,
también). Una vez más, cuidadosamente, solo mira tu vida
y siente las situaciones en donde esta zona puede ser
relevante. ¿Te gustaría expresarla más? ¿Cómo podrías
quizá comenzar? ¿Qué te podría dar el involucrarte más en
esta zona?

Recuerda una vez más que los juicios, la autocrítica y los
planes de cambiar en esta exploración no tienen sentido.
Esto no significa que debas bloquear esos pensamientos de
tu consciencia, sin embargo, puedes darte cuenta de
cualquier opinión, juicio etc. que puedan surgir y solo date
cuenta de cómo se sienten. Te estás conociendo y esto solo
puede ser algo bueno.

Tal vez quieras terminar escribiendo algunos pensamientos
acerca de qué más puedes querer hacer en tu vida para
involucrarte un poco más en esta zona más débil.

En todo este trabajo, es útil asumir una actitud de exploración y curiosidad. Date cuenta de cualquier identificación, resistencia, ideales, superego o mensajes del crítico interno que surjan. Y observa lo mejor que puedas, cualquier impulso de abordar los "problemas" que identificas, incluyendo arrebatos, burlas, y castigos del crítico interno, *sin hacer nada con ellos*. No necesitas estar *haciendo* nada respecto a esto, por lo menos no al principio. Antes que nada, darte cuenta es la clave. Los planes y esquemas estratégicos para ser más inteligentes o cambiar intencionalmente la forma en que funcionan tus impulsos instintivos no funcionarán de todos modos, así que ahórrate el estrés de creer que es tu responsabilidad cambiarlos.

## *Abordar el punto ciego[8]*

Un problema con el punto ciego es que es solo eso: un punto ciego. Desde el punto de vista de la conciencia,

---

[8] Para una mayor simplicidad, he asumido que existe un punto ciego claro y que las dos zonas más bajas de los nueve están en el mismo instinto. Si este no es el caso, el conocer las zonas te dirán muy probablemente en

abordar lo negativo es siempre más difícil, por supuesto, que abordar un aspecto positivo. ¿Cómo fortaleces algo a lo que habitualmente no pones atención? Es aquí en donde entra el estudio activo de los instintos y su expresión. Al verlos en papel, por así decirlo, podemos comenzar a conectar los puntos entre lo que falta en nuestra experiencia y en nuestras vidas, y comprender cómo funcionan los instintos. Específicamente, podemos hacer dos cosas: en primer lugar, podemos darnos cuenta de la *zona más fuerte* dentro de nuestro instinto más débil y, en segundo lugar, podemos explorar cuales experiencias y aspectos no estamos viendo en nuestra(s) zona más débil(es) y reflexionar en si esta es una preferencia real o si es más bien una situación que tiene un sabor amargo.

### ¿Cuál instinto es mi punto ciego?

La mayoría de nosotros puede decir muy fácilmente cual instinto es nuestro punto ciego. Existe aquí un diálogo

---

dónde y en qué orden sería más beneficioso el trabajo interno. De igual manera, si sientes que tus dos instintos no dominantes, te causan problema de alguna manera -por ejemplo: que tengas más conflictos con uno de ellos y descuides más el otro- sólo escoge el que percibas que te beneficiaría más al trabajar con él como refeiero es el "punto ciego".

interno bastante negativo, ya sea acerca del instinto en sí, donde nos decimos a nosotros mismos que es aburrido, poco interesante o simplemente que es algo que no necesitamos o apreciamos (lo que sería el escenario "con sabor amargo" mencionado con anterioridad). Podemos mirar con desdén a la gente que se distingue al usar este instinto, y podemos decirnos a nosotros mismos, que somos mejores personas que "comprenden" y saben lo que es importante.

Otro tipo de diálogo interno negativo se centra en nosotros mismos, más que en el instinto en sí y en las áreas, necesidades o asuntos con los que se relaciona. Sentimos que no estamos equipados para lidiar con el tipo de situaciones que requiere este instinto, y con frecuencia nuestro superyó nos regaña por no dominar mejor estas cosas. Este tipo de diálogo interno obviamente nos hace sentir que los otros, los que, *si lo dominan*, son mejores, mientras que nosotros nos encontramos carentes de ello.

Cualquiera que sea el dialogo interno en el que nos involucramos (y en realidad no necesitamos escoger uno; efectivamente apostaría que la mayoría de la gente tiene algo de ambos lados), ambos surgen de un sentimiento de resignación. Ya que de todas formas no somos tan buenos en eso, podríamos de igual manera dejar de intentar y en su lugar enfocarnos en las cosas en las que sí somos buenos ¿verdad? Por lo menos, eso es lo que el ego argumentaría.

*Observa lo mejor que puedas, cualquier impulso de abordar los "problemas" que identificas sin hacer nada con ellos.*

HAZ LA PRUEBA | **EXPLORANDO EL PUNTO CIEGO**

¿Tienes claro tu punto ciego? Si no es el caso, usa la hoja de puntaje al final de este libro para dar claridad a tus prioridades instintivas. Después continúa con este ejercicio.

Antes que nada; el punto ciego es un tema delicado y necesita explorarse con gran sensibilidad. Ya que el dialogo interno, negativo a menudo forma parte del escenario, es

muy importante recordar esto: cuanto más fuerte sea la
crítica interna, con más delicadeza debemos pisar.

**PASO 1**

Un buen comienzo es retomar la iniciativa haciendo un
inventario de la típica autocrítica interior y/o comentarios
auto destructivos sobre este instinto y las personas que
saben usarlo. Toma una hoja de papel y deja que el crítico
interior deambule libremente. Tal vez querrás dividir la
hoja en dos columnas y usar una para comentarios auto
destructivos y la otra para cualquier otra cosa despectiva
que puedas pensar o decir acerca del instinto como tal o de
la gente que lo domina y lo disfruta.

Al hacer este inventario, identificas pensamientos que
pueden después servir como alarmas de reloj. Cuando uno
de estos pensamientos aparezca, sabrás que estás en un
área sensitiva en donde necesitas ser amable contigo
mismo y en donde la curiosidad sincera, será más útil que
la severidad. (Tendrás también que tener en cuenta, que
este tipo de pensamientos son probablemente una mentira
—erróneamente— usados por el inconsciente para
"ayudarte" a evitar ver temas dolorosos).

**PASO 2**

Ahora, una vez que hayas eliminado la crítica, pon la hoja
de papel a un lado. Ponte cómodo, cierra los ojos, haz unas
cuantas respiraciones profundas, y trata de estar presente
en tu cuerpo. Cuando hayas estado sentado por algunos
minutos, siéntete en la inhabilidad que percibes respecto a

-------------------------------------------------------------

este instinto. ¿Cuál es una situación típica en donde sufres
por tener este punto ciego? ¿En dónde estás? ¿Quién más
está ahí? ¿Qué sucede en el entorno? ¿Qué hace o dice la
gente? y ¿qué experimentas?

Sólo sé curioso y observa como si estuvieras viendo una
película. ¿Tienes pensamientos que se asemejan a los que
escribiste? ¿Qué crees que esos pensamientos quieren
lograr? Después de haber buscado ahí un poco, ¿puedes
poner los pensamientos a un lado, como hiciste con la hoja
de papel y explorar los sentimientos generados por ellos y
por la situación?

¿Hay un deseo o anhelo en alguna parte? ¿Qué te gustaría
poder sentir o hacer en la situación? ¿Qué crees que pasaría
si lo hicieras?

Una vez más, no existen buenas o malas respuestas. Y no
existe una meta; no es que tengas que cumplir con lo que
deseaste. Solo sé curioso y abierto a cualquiera que sea la
experiencia. El admitir que anhelas algo que crees que no
puedes tener puede resultar doloroso o amenazante al
principio, y el ego puede resistirse incluso de ir ahí. Pero la
mirada y el sondeo en sí mismos, la exploración gentil y
curiosa de algo que antes fue probablemente negado o
juzgado, obra su propia magia. Solo permítete seguir
explorando, sin juzgarte.

Una vez que desees terminar el ejercicio, hazlo de forma
consciente. Date cuenta de que no hubo daño alguno por
haber abierto estas puertas, y ve si puedes concluir

aprovechando un sentido de curiosidad para la siguiente
etapa de tu trayecto.

## Darnos cuenta de la zona más fuerte
## dentro del instinto más débil

Al estudiar las zonas, podríamos sorprendernos al darnos
cuenta del alcance de nuestro instinto que representa el
punto ciego, y el hecho de que incluye cosas que en
realidad no son tan extrañas para nosotros. A pesar de
todas las calumnias del ego o del superego sobre el
instinto en sí, así como de nuestros propios defectos en
relación con este, existen de hecho, partes aquí y allá que
*podemos* hacer y que hasta disfrutamos. Darse cuenta de
esto es como encontrar la esquina ligeramente suelta de
un trozo de cinta adhesiva rebelde que estamos tratando
de quitar de una superficie. Finalmente, hay algo que
podemos agarrar, en algún lugar, para comenzar suavemente, con cuidado, a despegarla. Después de todo no
estábamos tan desorientados, y existen habilidades que
simplemente "están ahí", aunque les hayamos dado muy
poca prioridad. Al darnos cuenta de esto, podríamos
empezar a poner más atención a la zona en cuestión,
cómo la utilizamos y/o qué disfrutamos de ella. La zona

211

más fuerte dentro del instinto más débil, cualesquiera que sean los puntajes de esa zona, en comparación con las zonas instintivas en general, es usualmente un buen lugar para empezar a fortalecer este instinto como un todo.

Dado que nuestras hojas de puntuación individuales para las zonas van a ser tremendamente diferentes, por el bien de cubrir todas las posibilidades, supongamos que tu zona más fuerte en el instinto del punto ciego es en realidad muy alta y bastante familiar para ti, mientras que las dos más débiles parecen abismalmente bajas. Si pareciera que el puntaje de tu "zona buena" es suficientemente alta y sus características surgen de manera natural en ti y enfocarse en ella no parece que vaya a hacer una gran diferencia con las otras dos, entonces, te animaría a que busques en los diferentes aspectos de las zonas más débiles (ya sea en las descripciones anteriores o en la hoja de puntaje al final) y ver si, de hecho, hay uno o dos que resaltan como algo que te sienta bien o que disfrutas hacer. Nutrirlas, de la misma manera que lo harías con la zona un poco más fuerte en la descripción anterior, tendría un efecto similar.

**Explorando la zona más débil del punto ciego.**

Cuando nos sintamos preparados, podemos también empezar a explorar la o las zonas más bajas del punto ciego. Aquí, es probable que el diálogo interno negativo —de ambos tipos— sea más duro y las defensas sean más fuertes. ¿Para qué tratar si sabes que vas a fallar de todas maneras? Y ¿Cómo exactamente, se beneficiará mi vida al tratar incluso de hacerlo mejor en esta área?

En primer, lugar por supuesto, puedes hacer lo que describo al final de la última sección: ve si realmente puedes encontrar partes de ellas que disfrutas y experimenta, incorporándolas más a menudo en tu vida. Pero después de eso, o si nada te atrae especialmente, es hora entonces, de aventurarte en algo que puedes considerar un territorio extraño. Dando pasos muy ligeros, podríamos empezar revisando la zona o zonas desde un punto de vista puramente intelectual. ¿Qué nos estamos perdiendo al no usar frecuentemente esta o estas zonas? ¿Cuáles aspectos de ellas (o por lo menos así lo sentimos) nos hacen bastante felices por no tenerlos? ¿Y siendo realmente honestos, en cual nos gustaría mejorar? "Una lluvia de ideas" a nivel cognitivo puede ser un buen comienzo, y podemos ponernos ejercicios y experimentos para poder explorar la zona o zonas en cuestión. Y recuerda, *el punto no es auto- castigarte,* sino explorar y ser curioso.

### Con un poco de ayuda de nuestros amigos

Podríamos también pedirle a un amigo o amiga que nos ayude a trabajar nuestras zonas bajas. Hay dos maneras de hacerlo. Podríamos pedir ayuda para de hecho hacer cosas que requieren habilidades relacionadas con ellas, o podemos dejar que nuestra amiga nos enseñe al explorar el hacerlas por nosotros mismos. Pero es importante escoger nuestra ayuda pensando en el resultado que queremos.

Digamos que necesito ayuda para redecorar mi casa y quiero que alguien lo haga por mí, ya que lo doméstico es una de mis zonas débiles. En ese caso, podría ser muy bueno un amigo que sobresalga en esta área. Pero si, por otro lado, soy muy débil en el área de Vinculación y Afiliaciones y quisiera fortalecer eso en mí, entonces, podría empezar, a practicar el hacer nuevas amistades, por ejemplo, o hacer algo más que constituya un cambio a largo plazo, en lugar de un gran esfuerzo de una sola vez. Esto significará explorar áreas cargadas de un dialogo interno severo (o de cualquier tipo) metiéndome en un territorio inexplorado. En este caso, podría ser más prudente encontrar a un amigo para el que el instinto o zona se encuentre en el rango medio superior, más que alguien para quien esta zona lo sea todo. Si trato de conseguir la ayuda de alguien que sea demasiado adepto en áreas en las que me falta mucho, sería como estirar demasiado una banda elástica: simplemente se rompe, y después no le sirve a nadie. Además, si mi amigo(a) tiene una de mis zonas más bajas como una de sus más altas, es muy posible que ni siquiera quisiera imitarle; después de todo, la gente tiene preferencias diferentes. Si bien podemos trabajar en nuestros puntos ciegos para poder utilizarlos hasta donde queramos, no cambiaremos necesariamente nuestra percepción de cuales actividades son divertidas o con cuales vale la pena involucrarse. Así que, para recibir la ayuda de un amigo para explorar mis zonas realmente bajas, ayuda mucho el tener un poco de habilidad.

## Sé amable contigo

Tal vez no haya ningún otro lugar en el trabajo interior donde la necesidad de ser amable con uno mismo sea tan pronunciada como cuando se trabaja con los instintos en general y con el punto ciego en particular. El material instintivo es tan íntimamente "nosotros", tan inconsciente y tan fuertemente ligado a nuestra identidad y auto-imagen que es muy fácil incitar a nuestras defensas. Es por esta razón que debemos andar con cuidado.

Encontrar un "compañero de instinto" puede ayudar enormemente; alguien cuyo paquete instintivo se asemeje muy de cerca al tuyo y que comprenda de dónde vienes y con qué dificultades te enfrentas al hacer este trabajo. Sin embargo, amigos como estos pueden ser una espada de doble filo, ya que es fácil caer en hablar mal del punto ciego común, y al mismo tiempo de manera entusiasta, estar de acuerdo con los méritos de ambas zonas dominantes. Sin embargo, si a los dos les gusta el trabajo interior en general, mi experiencia personal es que esto es doblemente gratificante y útil. Tener a alguien que comprende de dónde sacan el combustible tus más primitivos impulsos —y tal vez desafiarte un poco cuando lo necesitas— es en efecto un valioso regalo.

*El material instintivo es
tan íntimamente un "nosotros",
tan inconsciente y está tan atado
a nuestra identidad y auto imagen
que es muy fácil incitar a nuestras
defensas. Es por esta razón que
debemos andar con cuidado.*

## Una nota acerca del cambio

Al trabajar en el crecimiento interior, a veces nos encontramos con patrones (de reactividad, comportamiento,

pensamientos y emociones) que en ocasiones nos las-
timan de alguna manera, ya sea poco o mucho. Cuando
esto sucede es muy natural que el crítico interno se
despierte y nos castigue. También es natural que queramos cambiar el patrón a la fuerza. Sin embargo, es importante mencionar que existen dos aspectos en el
cambio de patrones; uno es para estrategias prácticas de
prevención a corto plazo y otro para en realidad, disolver
el patrón. Lo primero cambia nuestro comportamiento,
pero no evita que la próxima vez pase lo mismo. Sin
embargo, lo último, cambia el escenario en el que se
arraiga el patrón.

## Estrategias prácticas a corto plazo — evitar el patrón

Digamos que tengo el hábito de calmarme con chocolate,
lo que tiene un efecto negativo en mi apariencia, mi salud
o mis finanzas. Podría afrontar esta tendencia no
guardando chocolates en casa. Es casi como poner los
zapatos en un estante alto para que mi perrito no los
muerda; esto detiene el comportamiento, pero no el
impulso. Si el comportamiento es francamente destructivo, por supuesto que hacer esto es muy bueno, pero
debemos recordar que es solo una muleta, una solución
temporal a un problema práctico. No detiene el problema
de manera permanente, lo que significa que tengo que
seguir empleando cualquier truco o artimaña usada an-

teriormente para evitar caer otra vez en el comportamiento destructivo.

*Al mirar con delicadeza nuestras motivaciones e impulsos, una mayor consciencia pavimenta el camino para el cambio.*

## El trabajo interior y el verdadero cambio — disolviendo el patrón

Disolver el patrón casi siempre implica un cierto trabajo interior. Al mirar con delicadeza nuestras motivaciones e impulsos, una mayor consciencia pavimenta el camino para el cambio. El desafío es, sin embargo, observar y explorar estas cosas sin juicios, autocritica u otras expresiones nuestras tratando de "convertirnos en mejores personas" usando la fuerza bruta (y en general avergonzándonos a nosotros mismos en el intento).

Para el ego, esta práctica de ser conscientes de algo vergonzoso / doloroso / triste / malo / aterrador (elije la etiqueta desagradable que más te guste) sin por lo menos *tratar* de deshacerse de ella, le resulta incómodo, innecesario e inútil. Pero, como es habitual cuando el ego tiene una opinión, vale la pena investigar un poco más. En la siguiente sección de este texto, encontrarás algunos comentarios extras relacionados con el tema del trabajo interior.

*Tus facetas* ~
Cicci Lyckow Bäckman

---------------------------------------------------------------

# El factor de la consciencia — cambiar desde dentro

Independientemente de si estamos trabajando con los centros, los instintos o cualquier otro aspecto en nosotros, la habilidad de estar presente es un concepto clave. Después de veinticinco años de experiencia en mi trabajo interior, lo único que me resulta cada vez más claro es que esta presencia, es decir, la *consciencia,* en sí misma, obra maravillas. Suena un poco a magia ¿verdad?: "Realmente no tienes que *hacer* nada, ser *consciente* del problema es suficiente". Y bueno, es casi mágico, pero en realidad, aunque también pudiéramos creer lo contrario, no *es* que sea una experiencia tan simple como caminar por el parque. Y la clave está en la calidad de la consciencia; lo que se refiere a ser *solo* conscientes y no tratar de encajar nada más en ese momento, ya sean juicios, opiniones, excusas, culpas o planes para cambiar, por ejemplo. ¿Recuerdas "la carga" que mencioné en la página 92? Bueno, esto obviamente no es exclusivo en el

------------------------------------------------------------

trabajo de los centros. En todo caso, trabajar con el material instintivo tendrá una carga aún más fuerte.

Entonces, cuando se nos pida que exploremos, o que "simplemente nos sentemos" con algo (que es solo otra frase que significa ser consciente de algo), la palabra clave es *solo*. *Solo* siéntate con eso. A pesar de la carga. De hecho, darle la bienvenida a esta carga, es lo que nos muestra hacia dónde ir. Cierra los ojos, permítete ser consciente de que es eso con lo que no te sientes muy cómodo (o directamente incómodo) y *quédate ahí*. Esta instrucción viene con una larga lista de "Noes":

- No vayas a otro sitio en tu mente
- No te castigues a ti mismo
- No te adormezcas
- No justifiques
- No hagas planes para cambiarlo
- No te juzgues
- No te culpes
- No culpes a alguien más
- No te defiendas
- No trates de encontrar "tres (o cualquier otro número) cosas positivas" acerca de lo que percibes como negativo

Me imagino que, si has estado haciendo trabajo interior por algún tiempo, por lo menos algunas, si no todas, de las frases anteriores son cosas que haces frecuentemente. Tal vez, incluso se te ha indicado hacer algunas de ellas en varios ejercicios. (Puedes probablemente añadir algunas frases tuyas también; esta lista no es exhaustiva, pero espero que se entienda la idea). Y por supuesto, algunas veces, algunas de ellas pueden resultar productivas. Pero lo que necesitamos recordar es que para que la magia de la consciencia trabaje, *ninguna de ellas ayudará.* Todos los mecanismos anteriores que interfieren (y los que se te ocurran, además de diluir el "solo estar sentado con") disminuirán también cualquier curación que la consciencia pueda ofrecer.

Al forzar, imponer o hasta persuadir el cambio, somos los hacedores; tratamos de orquestar nuestra propia evolución. Mientras que esto puede algunas veces estar bien, cuando se trata del crecimiento interior en general y de los instintos en particular, este no es el enfoque más útil. Más bien, la clave es dejar que el cambio surja desde dentro. Esto no es solo posible, sino definitivamente inevitable, ya que la naturaleza busca el equilibrio, hacia la salud. Nuestro trabajo es doble: *hacernos a un lado* y *estar presentes.*

La primera parte es con la que solemos estar más familiarizados. Estamos acostumbrados a apartarnos del camino de diferentes maneras y dejar que nuestras "cargas" vayan donde puedan. Vemos televisión, trabajamos, comemos, tenemos sexo, dormimos, hacemos ejercicio, apostamos o hacemos cualquier cantidad de cosas en nuestros intentos de "apartarnos del camino" pero también, pero al mismo tiempo *neutralizamos la carga*. Estas actividades, en sí mismas, pueden ser saludables o no, realmente no importa. El punto es que nos salimos del camino y nuestro sistema es bastante libre de hacer lo que (léase: la carga) nos pide que hagamos. Esto probablemente te resulte familiar y es igualmente probable que sepas que no aporta ningún cambio positivo.

La razón es que cuando no somos conscientes de que esto está sucediendo, por supuesto, "ser libres para hacer lo que queramos" a menudo significa reforzar falsas creencias, conclusiones y reacciones que nos han llevado hasta donde estamos hoy; acrecentando y reforzando solo las cosas con las que queremos trabajar. Para que suceda algo diferente, necesitamos la misma cantidad de "hacerse a un lado" sin que nuestra atención consciente deje la escena y sin realmente hacer otra cosa: *solo* estando consciente. Es aquí en donde el ego usualmente argumenta lo estúpido, inútil etc. que es esta práctica. Y, bueno, ahora conoces la razón por la que argumenta eso, y por qué el mejor curso de acción es justo darse cuenta de eso, y traer tu resistencia a la consciencia del momento.

*Cuando se nos pida
que exploremos o "que solo
sentarnos con", algo, la palabra
clave es solo. Solo siéntate con
eso. Sin importar la carga. De
hecho, darle la bienvenida a
esta carga nos muestra
hacia dónde ir.*

A causa de esta dinámica, debemos ser cuidadosos y amables con nosotros mismos cuando nos adentramos en este tipo de exploración. Es posible que quieras buscar un coach, terapeuta u otro guía, o puedes unirte a un grupo en donde otras personas estén haciendo lo mismo; personas que pueden estar más adelantadas que nosotros (si nos unimos a un grupo de personas que se reúnen de manera regular) o alguien que nos pueda guiar a través de ejercicios y descubrimientos (si vamos a un taller o retiro). Si quieres trabajar en estar presente y usar la "carga" de los patrones instintivos, puedes hacer el ejercicio de la página 95, "Explorando un tema y su carga". Sin embargo, lo que pasa con los instintos es que son rápidos. Si los pensamientos son rápidos, y sabemos que lo pueden ser, y los sentimientos son aún más rápidos, entonces, los impulsos instintivos son exponencialmente más rápidos incluso que los sentimientos; suceden de manera instantánea. Por esta razón, a menudo solo nos damos cuenta después del hecho, de que reaccionamos a algo sin siquiera habernos percatado. Si por esta reacción nos saltamos la línea de tráfico: muy bien. Pero si se trata de gritarle a alguien, o de comer para consolarnos, o ponerse a uno mismo en situaciones de riesgo, o abandonar el trabajo para estar con alguien, o muchas otras cosas que nuestros impulsos instintivos podrían empujarnos a hacer, entonces quizá quisiéramos echar un vistazo a esto. ¿Qué significa este impulso? Y ¿Existe una manera en la que puedas ser más consciente de él para que te sea posible escoger de manera más activa si quieres actuar en relación con él?

Para explorar esto más a fondo, puedes hacer el siguiente ejercicio.

## HAZ LA PRUEBA | ¿CÓMO LO SABES?

Cada vez que notes un impulso activo, de querer algo o querer hacer algo, y tengas la oportunidad de hacerlo, detente en donde estés y cierra los ojos. También podrías hacerlo sentándote en un lugar en donde puedas concentrarte en la exploración.

¿Qué es lo que quieres o lo que quieres hacer? ¿Te sientes sediento, hambriento, aburrido o sientes que es importante para ti hacer algo conectado con otra persona?

Sea lo que sea, lo más interesante es la siguiente pregunta: *¿Cómo lo sabes?* ¿Cómo sabes que tienes sed, o que quieres chocolate o que quieres hablarle a tu madre o cualquiera que sea el impulso?

Esto es para que *explores,* no para responder principalmente. Pero ¿cómo lo sabes? Se siente a menudo como una especie de tirón, como si algo, literalmente te atrapara. ¿Lo registras en tu estómago? (o cómo quisieras describir tu experiencia, si no es un tirón hacia algo) ¿Lo registras en otro lugar? ¿O si no es para nada una sensación física, es una impresión energética? Sólo explóralo.

Si haces este ejercicio muchas veces y con diferentes intenciones podrías descubrir que experimentas diferentes instintos de manera diferente. O podrías darte cuenta de que en realidad hay ahí un común denominador, sin importar si lo que quieres es chocolate, un abrazo o una caminata.

Como quiera que sea la experiencia para ti, solo sigue explorando. Una vez más, te estás conociendo. Y estás siendo más consciente con respecto a los impulsos instintivos, los cuales, con el tiempo te permitirá estar más conectado con ellos y menos esclavizado a ellos de manera automática.

Cuando aprendemos a hablar el "idioma" de los instintos, lo que significa aprender las maneras en que nuestros instintos se comunican con nosotros (o en muchos casos, nos dirigen), nos sintonizamos más con ellos. Aprendemos de manera gradual a ver lo que sucede, incluso mientras está sucediendo, o a darnos cuenta de un impulso instintivo como tal, antes de reaccionar de manera automática. Esto a su vez nos ofrece una mayor libertad. No necesariamente dejamos de seguir estos impulsos, pero al volvernos más capaces de captarlos, es probable que comprendamos lo que en realidad están pidiendo, y lo que hay detrás de la "necesidad" de tomar un chocolate; de manera automática disminuye cuando nos damos cuenta de que lo que realmente estamos buscando es conexión, o el hacer algo potencialmente peligroso (o caro o no ideal) cuando de hecho solo queríamos sentir nuestra vitalidad interior por un momento.

## La carga: ladra, pero no muerde

Los médicos que tratan a personas con desordenes de ansiedad, encuentran que un dato importante para sus pacientes es que sus ataques de ansiedad no son en sí peligrosos. Se *sienten* peligrosos, pero de hecho no lo son. Lo mismo pasa al experimentar esta carga interna en cualquier reacción, impulso, deseo, sentimiento o sensación interna. La incomodidad es meramente una construcción del ego y el hecho de que te haga sentir incómodo no es un reflejo de tu "bondad", tu dignidad o que tan lejos has llegado en tu viaje interior. Todos nos sentimos incómodos con ciertos aspectos nuestros, y todos tenemos que practicar un poco para acostumbrarnos a convivir con ellos. Al hacerlo, normalmente nos damos cuenta bastante rápido de que esta incomodidad surge de nuestra resistencia más que de aquello con lo que intentamos "negociar", y la incomodidad desaparece en el grado en el que soltamos la resistencia. Pueden ser lágrimas, alegría, tristeza, enojo o cualquier sentimiento que tratamos de evitar al quedar atrapados en el patrón problemático, pero está bien contactar con lo que surja.

Después de todo, la única persona con la que te encontrarás en esta práctica, eres tú mismo.

*Todos nos sentimos incómodos con ciertos aspectos nuestros, y todos tenemos que practicar un poco para acostumbrarnos a convivir con ellos. Al hacerlo, normalmente nos damos cuenta bastante rápido de que esta incomodidad surge de nuestra resistencia más que de aquello con lo que intentamos "negociar", y la incomodidad desaparece en el grado en el que soltamos la resistencia.*

Como espero que te haya quedado claro hasta ahora, el punto es nunca ser duro contigo. No es regañarte por tus errores o tus defectos. Más bien es como Russ Hudson lo plantea: "conocerte y ser amable contigo mientras lo estás haciendo". Esta en realidad es la practica más importante de todas.

# Algunas reflexiones finales sobre un tema interesante

Como lo dije al principio de esta parte, me interesa y me fascina el tema de los impulsos instintivos. Creo que la razón de esto es su lugar único en nuestra biología y psicología: prácticamente vienen con nuestro sistema operativo y, como tales, resultan en gran medida inconscientes y autónomos. Y al mismo tiempo, podemos ser testigos, comprenderlos y trabajar de manera productiva con ellos. Queda por ver si la psicología dominante alguna vez explorará este campo como una herramienta real no solo para comprender, sino también para acercarse, a la naturaleza humana, pero en el mar de los trastornos y diagnósticos modernos, puedo imaginar este cuerpo de conocimiento haciendo un gran e importante diferencia. Mencioné anteriormente el autismo, pero existen muchos otros síndromes psicológicos relacionados de los que la ciencia médica aún no se ha ocupado o al menos no ha comprendido totalmente. En algunos de ellos, el balance de nuestros impulsos instintivos pueden ser un factor significativo, y en algunos casos, quizá sea el más importante.

Dicho esto, también me queda claro que cualquier crecimiento o progreso que logremos en nosotros mismos en esta área, con desórdenes diagnosticados o no, llegará a través de una exploración gentil del ego y la personalidad, más que a través del etiquetado médico y los acercamientos generalizados. Además, psicológica-mente, después de siglos de doctrina religiosa e identi-ficación con la mente, nuestros aspectos instintivos ya están sobrecargados de suficientes calumnias, así como por nuestro superego que posiblemente nos juzga por exagerar algunas cosas, así como por no hacer o ser suficiente en otras áreas.

Nuestros instintos, en sí mismos, son expresiones puras de la naturaleza que sirven al cuerpo de manera perfecta después de miles de años de perfeccionamiento. No deben ser manipulados, por motivos médicos o de otro tipo. La solución es, más bien comprenderlos, entablar amistad y estar presente con ellos, para que el equilibrio pueda reafirmarse, y esto sucede a través del trabajo interior, de la manera en que prefiramos hacerlo.

De esta manera, llego una vez más a la importancia de ser amable contigo en esta exploración. Y para desearte suerte, donde sea que te lleve tu propio recorrido personal por los centros y tus impulsos instintivos.

*Tus facetas ~*
Cicci Lyckow Bäckman

--------------------------------------------------------------------------

---

# Apéndice

## Auto puntuación de las Preferencias Instintivas | SSIP 1.0

*Nota:* Esta hoja de autoevaluación ha sido elaborada por mí, pero está muy influenciada por las zonas instintivas definidas por Russ Hudson. Si estás bastante seguro de tu jerarquía instintiva y haces la prueba, pero ves que es errónea, por favor siéntete libre de consultarme ya que es un trabajo en progreso.

La prueba que verás más adelante se diseñó como una ayuda para evaluar tus zonas instintivas y consecuentemente tu jerarquía instintiva. Las zonas y el instinto con el mayor número de puntos netos indicarán tu instinto / zonas dominantes, y las zonas y el instinto con el menor número de puntos indicarán tu punto ciego. No he intentado disfrazar la identidad de los impulsos instintivos en la prueba, así que tienes que ser consciente de los posibles sesgos cognitivos que pueden llevarte a calificarte de cierta manera para que ya salga la prueba.

La prueba presupone que has leído este libro antes de hacerlo, ya que las descripciones del texto te ayudarán a comprender las afirmaciones que estás calificando.

## *Instrucciones*

Lee cada frase y califícate en cuanto a qué tan cierta es la frase para ti. Califica de la siguiente manera:

¡ESTE SOY YO!
*Significa...*
- Dedico una cantidad significativa de tiempo y energía a esto.
- Esto me preocupa tanto, al grado que en ocasiones me mete en problemas.
- Tengo intereses personales/hobbies relacionados con esto.
- Con frecuencia me meto en discusiones, estados de ánimo, estados de agitación y / u otros "síntomas" negativos si este aspecto no se cumple.

Escribe un **MÁS (+)** para esta categoría, si esto te suena verdadero.

*Nota:* Este "más" no siempre equivale a decir: "Hago esto bien", aunque puede serlo. Es más una cuestión de hacia dónde van mi energía, tiempo y esfuerzos *y qué me absorbe casi siempre, desprevenido.*

## ESTO VA CONMIGO, CREO...

*Significa...*
- Esta área no me resuena ni de manera positiva ni negativa.
- Tengo pocos problemas aquí, pero no soy experto o estoy necesariamente interesado de manera particular.

Si esto te suena verdadero, deja esta categoría *sin marcar.*

## ME MANTENGO CASI SIEMPRE ALEJADO DE ESTO

*Significa...*
- Creo que esto es muy aburrido
- No sirvo para esto
- A veces me meto en problemas por no cuidar esta área
- Siento que nunca puedo hacer las cosas bien en esta área, lo cual me causa vergüenza.

Escribe un **MENOS** (-) *en* esta categoría, si esto te suena verdadero.

------------------------------------------------------------------------

| | | | |
|---|---|---|---|
| **ALUD Y BIENESTAR** | Los alimentos (el tipo de consumo / regularidad de la ingesta) y la nutrición / dietas (qué comer o evitar) son importantes para mí. | | |
| | El ejercicio, el fitness, la fuerza y /o flexibilidad u otras maneras de cuidar mi cuerpo son muy importantes para mi y esto se refleja en mi tipo de vida. | | |
| | Le doy particular importancia a mi sueño —calidad, horarios y/o horas— y a descansar lo suficiente. Me estresa que interrumpan mi sueño. | | |
| | Frecuentemente practico relajación y/o actividades para manejar el stress. Me ayuda y si por alguna razón no lo puedo hacer normalmente pago las consecuencias. | | |
| | Estoy bastante consciente del equilibrio entre la estimulación activa y la comodidad del descanso y pongo atención a ambas en una medida adecuada. | | |
| **SENTIDO PRACTICO Y Y RECURSOS** | El dinero y las finanzas son importantes para mi y dedico tiempo y energía en esta área. Cualquier riesgo que tome suele estar altamente calculado. | | |
| | Soy muy consciente de mi tiempo y del de los demás. Es un recurso en si, y procuro no gastarlo. | | |
| | Tengo mi energia bajo mi propio radar y normalmente sé en dónde está mi "nivel de combustible". Me cuido de no agotarme. | | |
| | Normalmente puedo persistir y ser consistente para lograr una meta que tome tiempo alcanzar. | | |
| | Por lo general, tengo los conocimientos practicos para descubrir como funcionan los objetos mecánicos o arreglarlos cuando no funcionan. Ambas cosas captan mi interés. | | |
| **DOMESTICIDAD** | Suelo disfrutar hacer trabajos domésticos como lavar ropa, limpiar y hacer el quehacer general. ¿Por qué razón querría que alguien más se ocupara de mi casa? | | |
| | Quiero que mi hogar ofrezca un buen "ambiente acogedor" donde pueda estar cómodo, relajarme, recargarme y / o disfrutarlo estéticamente. | | |
| | Me gusta centrarme en la estructura, las funciones y organizaciones de mi entorno familiar. Esto contribuye a la comodidad y a menudo, a la estética. | | |
| | Me preocupa la seguridad, la protección y la privacidad de mi hogar y otros espacios privados. Sé en dónde están mis cosas y cómo mantenerlas seguras. | | |
| | Mi hogar funciona como un trampolín para mis propias actividades y me gusta recibir amigos. Venir a mi casa es conocerme. | | |

| | | | |
|---|---|---|---|
| **MAGNETISMO** | Soy una persona carismática y/o a menudo llamo la atención en un grupo, sea ese mi objetivo no. Por lo general no me importa. | | |
| | Sé quién y qué me atrae, y sigo lo que me atrae. Mi antena normalmente registra cuando hay algo interesante. | | |
| | Me visto de manera conciente, no es que siempre trate de verme guapa (o) pero sea lo que sea que me ponga, es probable que lo haya escogido teniendo en cuenta la actividad o de quién se trate. | | |
| | Por lo general es fácil para mí escoger y discernir; automáticamente evalúo lo interesante o la suculencia de lo que está disponible para mi y eliminar lo que resulta poco atractivo. | | |
| | Me resulta natural ver un elemento de competencia y/o "conquista" en lo que sea que esté haciendo, aunque eso no sea el punto principal. | | |
| **EXPLORACIÓN** | Me encanta la sensación de estar excitado por algo y busco situaciones en las que es probable que esto suceda. | | |
| | Disfruto de cierto elemento de riesgo, ya sea físico o no, y de aventura; el sentir el pulso acelerado y no tener la certeza de lo qué sucederá. | | |
| | Si no salgo con regularidad de mi zona de confort para probar cosas nuevas, puedo sentir que muero lentamente, Soy conocido por aceptar sugerencias inusuales. | | |
| | Soy bastante consciente del equilibrio de cuándo ir por algo y cuando detenerme (aunque no soy necesariamente bueno en escoger "lo correcto"). | | |
| | Me encantan los retos, lo suficiente para mantenerme alerta; me da la sensación de estar en ardor del momento. (También a veces, me mete en problemas.) | | |
| **FUNDIRSE** | Busco actividades y contextos en donde pueda involucrarme totalmente y concentrarme en una sola cosa. A veces, eso me da una sensación de euforia. | | |
| | Disfruto la sensación de perderme en algo; música, movimiento, creatividad, ocasionalmente una persona y sentir que mis límites se disuelven. | | |
| | Quiero algo en lo que pueda poner mi energía. Si estoy mucho tiempo sin eso, me puedo sentir inquieto, sin energía o destructivo. | | |
| | Soy una persona muy apasionada, si me involucro, raramente es a medias. Mi pasión se nota sin importar el objeto. | | |
| | Más de una vez, mi tendencia a perderme en una actividad me ha hecho ser negligente en cosas a las que debí o quería poner atención. | | |

| | | | |
|---|---|---|---|
| **LEER A LA GENTE** | Soy adepto a leer en cualquier situación la expresión facial de la gente, el lenguaje corporal y la energía. Surge de manera espontánea sin esforzarme. | | |
| | Puedo "leer entre líneas" y registrar lo que alguien no expresa y/o pueda estar tratando de esconder. A menudo he confirmado esto de manera real. | | |
| | Me ajusto automáticamente a lo que leo en otra persona o situación y me acoplo energéticamente. ¡De esa manera suelo ser una persona muy tranquila! | | |
| | La empatía surge en mí de manera natural y mi preocupación por los demás puede a veces consumir mi tiempo y energía. ¿Cómo podría ser de otra manera? | | |
| | Soy bueno adaptándome a cualquier cambio en las circunstancias en que me encuentre (una nueva familia o escuela o país, por ejemplo) y me integro bien. | | |
| **VINCULACIÓN Y AFILIACIÓN** | Me gusta conocer gente nueva y casi siempre inicio el contacto y creo nuevas relaciones en el proceso. Mi lista de contactos es bastante larga. | | |
| | Sostener relaciones surge en mí de manera natural. Tengo un círculo grande de personas con las que no dudaría conectarme si surgiera la necesidad. | | |
| | Soy buen comunicador, se me facilita encontrar la manera apropiada para dirigirme a las personas. Hago que la gente hable y soy buen oyente. ¡Y me interesa lo que dicen! | | |
| | Me gusta jugar. Ya sea juegos para romper el hielo en fiestas o hobbies y deportes. Disfruto el elemento juego y la diversión que esto proporciona. | | |
| | Dar y recibir es una parte significativa de mi vida y mis relaciones. Soy rápido para ofrecer favores y no me molesta pedirlos cuando los necesito. | | |
| **PARTICIPACIÓN** | Frecuentemente considero el involucrarme o no en un proyecto u organización. Usualmente decido facilmente — después de todo no puedo hacerlo todo. | | |
| | Me resulta natural enrolar a otros en lo que sea que yo mismo me involucre, y soy bastante bueno haciéndolo. | | |
| | Quiero contribuir con algo, para mi círculo, mi ambiente de trabajo y/o sociedad en general, y busco crear un mundo mejor. | | |
| | Pertenecer es para mí algo central y muy importante. Si no sintiera que pertenezco, el buscar un lugar en donde hacerlo sería para mí una prioridad. | | |
| | Estoy naturalmente conciente del contexto amplio de las estructuras de poder, las tendencias y lo que esta en el horizonte. (Algunas personas lo llaman "visión periférica") | | |

## Cuando hayas contestado la prueba

Ahora todo lo que tienes que hacer es sumar el puntaje de cada zona. A cada "más" añade un punto y a cada "menos" resta uno.

| | ZONA | PUNTAJE | |
|---|---|---|---|
| **AUTOCONSERVACIÓN** | Salud y bienestar | | |
| | Practicidad y recursos | | |
| | Domesticidad | | |
| **SEXUAL** | Magnetismo | | |
| | Exploración | | |
| | Fundirse | | |
| **ADAPTACIÓN** | Leer a la gente | | |
| | Vinculación y afiliación | | |
| | Participación y contribución | | |

En la segunda columna a la derecha del puntaje, podrás identificar tus zonas más fuertes y tus zonas más débiles. Estas —cualesquiera que sean— pueden encontrarse o no en el mismo instinto.

En la última columna de la derecha, puedes también sumar el total de cada instinto, que te dará una lectura de tu jerarquía instintiva.

**Una nota importante acerca de los puntajes negativos:** Usé el formato de puntajes "más" y "menos" para ayudar a distinguir las prioridades. Por favor toma nota de que esto no significa que las zonas "en negativo" (ni los espacios en blanco de las zonas medias) realmente te falten. Por esta razón, debatí conmigo misma si debía usar esta escala, pero espero que en este momento esté bastante claro que posees *todas* estas capacidades; es solo que tú, por varias razones, algunas veces descuidas su uso. La razón por la que al final decidí usar este formato es que encontré que aumenta el contraste de la imagen, por así decirlo, lo que a menudo aclara las cosas.

**Y lo más importante de todo:** Por supuesto, como todos los otros tipos de pruebas de la personalidad, esta tampoco es infalible, irrefutable ni se encuentra escrita en piedra. Además, la manera en que leas las frases depende en gran medida en qué tan bien comprendiste — y claro, qué tan bien describí los diferentes fenómenos. Por favor solo utiliza la prueba como un indicador y continúa siendo curioso acerca de ti mismo. Tu curiosidad sobre ti y los demás y tu habilidad para afrontar cualquier cosa que encuentres dentro de ti con respeto en lugar de juicios, significará siempre más que cualquier otra cosa para tu crecimiento personal.

## "No puedo distinguir un grupo o secuencia claros — ¿me ayudará de cualquier manera este conocimiento?"

Exactamente en qué orden de preferencia tu sistema se ocupa de estos diferentes instintos y zonas no es lo importante: la puntuación correcta de las zonas no es lo que en última instancia te ayuda a crecer. El entender los impulsos biológicos como fenómenos y reconocer los impulsos instintivos dentro de ti, puede ser de gran ayuda. Cuando comienzas a reconocerlos mientras operan en ti, puedes aprender a estar presente con ellos, lo que en sí mismo aumentará el equilibrio.

-------------------------------------------------------------------

Así que no te preocupes si no te queda claro el orden
exacto en que usas las zonas, o incluso los instintos. Para
que el conocimiento general de la materia te ayude en tu
crecimiento, básicamente se necesita solo una característica principal: *prestar atención.* Si notas patrones de comportamiento que te meten en problemas, investígalos. Si
te das cuenta de que ciertos impulsos de un instinto en
particular te causan problemas, o la falta de ellos, ponles
atención — usando los ejercicios de este libro, con un
coach o facilitador o cualquier otro formato con el que te
sientas cómodo. Tu entendimiento en general de cómo
funcionan estas cosas, combinado con el tiempo real
dedicado a la experiencia real del trabajo interno, es lo
que hace la diferencia.

# Especial reconocimiento a la edición en español

Este libro surgió primero en inglés, a diferencia de de mis tres libros anteriores que nunca fueron publicados fuera de Suecia, este se tradujo al sueco ya que después de todo pasé bastante tiempo dedicándome solo a eso. Hasta el momento había sido solo un trabajo personal, con una sola revisión y obviamente, la impresión actual. Y bueno, yo esperaba que esto terminaría ahí.

Y entonces, recibí un mail de una muy entusiasta lectora de la comunidad hispanoparlante que me preguntó si había considerado traducirlo al español. Ella ya había hecho algunas traducciones antes y estaba preparada para realizar el proyecto. Y casi un año después, aquí estamos. Me provoca un sentimiento surrealista trabajar con un texto que yo escribí pero que ya no comprendo —aunque es algo surrealista positivo— y estoy encantada de poder tener el libro disponible para el mundo hispanoparlante.

Quisiera ofrecer mi más profundo y sincero agradecimiento a Adriana García Ancira, tanto por haberme con-

tactado como por haber hecho la traducción, a Adriana
Fieldman por la edición y a Gonzalo Morán, por ser mis
ojos en español y en gran medida, mi pluma.

Gracias a todos ustedes por su amabilidad, tiempo y
trabajo en *Tus facetas* en idioma castellano.

Es increíble como el mundo del Eneagrama cuenta
con tanta gente tan maravillosa, dispuesta a invertir su
tiempo y conocimientos para que el libro tenga a su vez,
alcance en las comunidades de habla hispana. Me siento
inmensamente agradecida.

Con mi amor y agradecimiento,

*Cicci*
Estocolmo, septiembre 2021

# Acerca de la autora

**Cicci Lyckow Bäckman** nació en Estocolmo y comenzó su carrera con un grado de maestría en inglés y sueco de la Universidad de Estocolmo. Otro gran interés para ella fue la psicología y el crecimiento personal, y cuando le diagnosticaron una enfermedad neurológica crónica a fines de la década de 1990, su interés se profundizó. Comenzó a explorar la psicoterapia enfocada en el cuerpo y formó parte en varios cursos y seminarios de entrenamiento. Desde el 2004, ha facilitado sus propios cursos enfocándose en el crecimiento personal experiencial. También ha compartido sus conocimientos en tres libros previos publicados en sueco (2008, 2010 y 2013).

En relación con su diagnóstico se cruzó con el Eneagrama y en 2005, se inscribió en el Entrenamiento de Eneagrama de Riso Hudson en donde posteriormente se acreditó con honores en el programa de Certificación. Desde su comienzo en el viaje del Eneagrama, ha completado y profundizado sus conocimientos participando en un gran número de otros talleres y capacitaciones. Ha impartido clases nocturnas intermitentes del Eneagrama durante varios años, pero su aplicación preferida es combinar el modelo con el crecimiento interior experiencial. Trabajando en esto, diseñó un modelo de entrenamiento basado expresamente en la combinación de trabajo interior experiencial con una exploración profunda del Eneagrama.

Sus profundos conocimientos sobre el trabajo interior hacen a sus observaciones acerca del Eneagrama —y especialmente a los centros y los instintos— sutiles, iluminadores y profundamente anclados en su experiencia personal.

# ENCUENTRA A CICCI EN

**SITIO WEB:** lyckowbackman.se
**FACEBOOK:** facebook.com/exploringtheenneagram
**FACEBOOK GRUPO:** (busca *Aspects of you — exploring yourself and the Enneagram, centres & instincts*)
**YOUTUBE:** (busca *Exploring the Enneagram*)

9 789152 722503